Eine Veröffentlichung der Rottendorf-Stiftung
in Verbindung mit dem Kulturgut Nottbeck
und der Literaturkommission für Westfalen

Walter Gödden

Andreas J. Rottendorf (1897-1971)
Unternehmerpersönlichkeit – Dichter – Literaturmäzen

Ausstellung auf dem Kulturgut Nottbeck
Oktober 2024 bis Januar 2025

AISTHESIS VERLAG
Bielefeld 2025

Nyland Dokumente
hg. im Auftrag der Nyland-Stiftung, Köln
von Walter Gödden
Band 29

Die Deutsche Bibliothek – CIP-Einheitsaufnahme
Bibliografische Information Der Deutschen Bibliothek
Die Deutsche Bibliothek verzeichnet diese Publikation in der Deutschen Nationalbibliografie; detaillierte bibliografische Daten sind im Internet über <http://dnb.ddb.de> abrufbar.

Nyland-Stiftung

Aisthesis Verlag Bielefeld 2025
Postfach 10 04 27, D – 33504 Bielefeld
Gesamtherstellung: Docupoint GmbH, Barleben

ISBN: 978-3-8498-2077-0
www.aisthesis.de

Inhalt

Vorab

Er war eine schillernde Persönlichkeit – und doch ein ganz bodenständiger Mensch. Ein höchst erfolgreicher und, wenn es sein musste, auch resoluter großstädtischer Unternehmer – und doch jemand, der menschlich und bescheiden auftrat und sich christlichen Werten verpflichtet fühlte. Ein eigenwilliger, sicherlich nicht einfacher Mensch mit vielen Ecken und Kanten – konservativ bis ins Mark – und doch über alle Parteigrenzen hinaus aufs Allgemeinwohl bedacht. Eine äußerlich stattliche, imposante Erscheinung, ein ›Macher‹, der aber über eine zweite, sensible Ader verfügte, ein Freund der Dichtung war und zahlreiche eigene Bücher veröffentlichte. Bevorzugt in der niederdeutschen Mundart, die er vor dem Vergessen bewahren wollte. Sie war, wie er sagte, »seine Muttersprache«. Für die er sich mäzenatisch einsetzte, unter anderem durch eine von ihm und seiner Ehefrau Rose ins Leben gerufene Literaturstiftung. Die Ausstellung *Andreas Rottendorf (1897-1971) – Unternehmerpersönlichkeit, Dichter und Literaturmäzen* zeichnete nach, was diesen Mann, was Andreas Rottendorf geprägt hat. Sie rekurrierte dabei auf seine literarischen Texte, die ein Spiegelbild seines Lebens darstellen. Besonders herausgestellt wurde dabei die Frau an seiner Seite, Rose Rottendorf, eine ebenso willensstarke, umsichtige Unternehmerin und gleichberechtigte Partnerin, die jahrelang die Firma selbstständig leitete.

Der elterliche Hof

Als Andreas Rottendorf wird 1897 auf einem Bauernhof in Westfalen in der Ennigerloh Dorfbauerschaft Beesen geboren. Es war ein großer, stattlicher Hof mit 500 Morgen Land und, wie es heißt, 1000-jähriger Tradition. Die Familie ist seit etwa 700 Jahren in Ennigerloh ansässig. Auch die im 17. Jahrhundert hauptsächlich in Münster wirkenden Ärzte und bekannten Humanisten Bernhard Rottendorf sen. und jun. werden der Familie zugerechnet. Rottendorf betont dies explizit in seinem Text *Thaddäus Thymian* in dem Band *Am Rande* (1959).
Über Andreas Rottendorfs Kindheit und Jugend wissen wir nur das, was er uns in seinen Gedichten mitteilt. Als er literarisch auf jene Zeit zurückblickt, ist er etwa 60 Jahre alt. Momente des Jugendglücks stehen ihm wieder lebendig vor Augen:

> Ich bin auf einem Hof geboren
> der festgefügt im Münsterland
> Inmitten grüner Wiesen stand
> Seit mehr als tausend Jahren
>
> Von jung auf an
> Sah ich den hohen Himmel
> Die Wälder, Kämpe, Bach und Bruch,
> Die Teiche, Hecken
> Und den schweren Boden,
> Der auch die goldnen Ähren trug
>
> Und lebte hier
> Und war geborgen
> Ganz ohne Sorgen
> Und heut' noch danke ich
> dem gütigen Geschick
> Für eine unbeschwerte Jugend

Der elterliche Hof. Foto im Kleinen Drubbelhaus, Heimatverein Ennigerloh

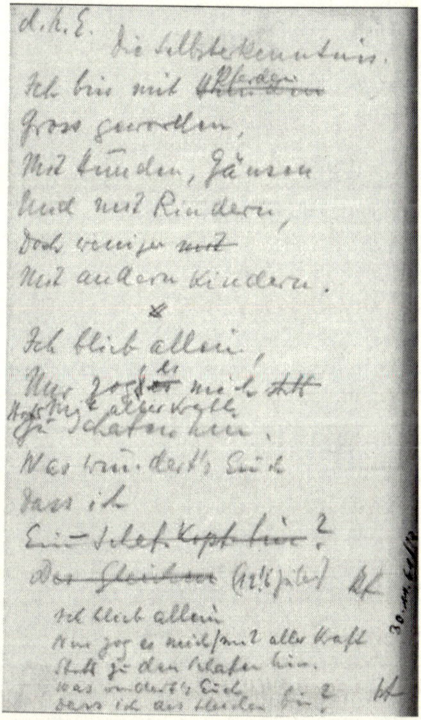

d. h. E.

Die Selbsterkenntnis.

Ich bin mit ~~Pferden~~
Gross geworden,
Mit Hunden, Gänsen
Und mit Rindern,
Doch weniger ~~mit~~
Mit andern Kindern.

Ich blieb allein,
Nur zog ~~es~~ mich stets
mit aller Kraft
Zu Schafen hin.
Wer wundert's Euch
Dass ich
~~Ein Schafskopf bin~~?

Ich blieb allein
Nur zog es mich / mit aller Kraft
Stets zu den Schafen hin.
Was wundert's Euch
Dass ich ein [illegible] bin?

Manuskriptblatt im Nachlass, Kreisarchiv Warendorf

Bekenntnis zur bäuerlichen Herkunft

In einem weiteren Gedicht charakterisiert sich Rottendorf als Bauer – und nicht als erfolgreicher Industrieller, der er ja in Wirklichkeit war. Er selbst nennt sich später bevorzugt »Schulte Rottrup«, um seine bäuerliche Herkunft und Prägung zu betonen.

Wi sind westfäölske Bouhern
Un stolt up ussen Stand.
De Är de is us hillig,
Un hillig us dat Land.
Wi sind westfäölske Bouhern
Wi haolt den Nacken stëiw,
Met Kwahtern un Gedaohe
Dao bliewt us jau vonnen Lëiw.
Wi sind westfäölske Bouhern
Us' Iärwe haolt wi fast.
Dat brengt us alltëid Ahbait,
Män de wätt nich tor Last.

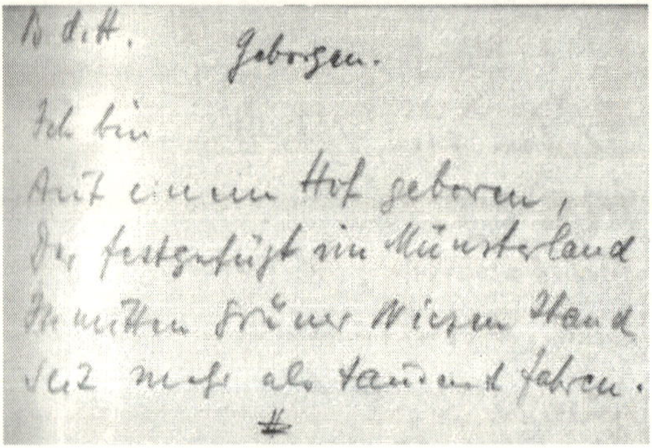
Geborgen.
Ich bin
Auf einem Hof geboren,
Der festgefügt im Münsterland
Inmitten grüner Wiesen stand
Seit mehr als tausend Jahren.

Auszug aus einem Gedichtmanuskript im Nachlass, Kreisarchiv Warendorf

Kindheitsfoto, Foto Kreisarchiv Warendorf

Die Eltern

Als der junge Andreas sieben Jahre alt ist, kommt sein Vater Heinrich Stefan Rottendorf bei einem landwirtschaftlichen Unfall ums Leben. Heinrich Stefan Rottendorf war eine im Dorfleben geachtete Persönlichkeit. Als Mitglied des Gemeinderats und Aufsichtsrats des ortsansässigen Bankinstituts genoss er in Ennigerloh hohes Ansehen. In seinen literarischen Texten erwähnt Andreas Rottendorf jedoch lediglich seine Mutter, die er in vielen Gedichten idealisiert. Ihr Tod löste bei ihm eine tiefe Trauer aus.

De daude Maouder

Meuderken, mein Meuderken,
Nou sin ick so alläin,
Alltëid biss Du bi mi west
Tröü wöürst Du mi bis gans tolest,
Du unnern kaollen Stäin.
Meuderken, mëin Meuderken,
Mëin Hiät deut mi so wäih.
Alltëid hätt ett fö Di schlaon,
Daoch nou bliew et faken staon,
Datt'k Di nich mähr säih.
Meuderken, mëin Meuderken,
Du failst mi Dag un Nacht.
Wanners is't auk Tëid fö mëi,
Praot staot de Briär äs fö Dëi,
Dann kuhm ick to Di sacht.

Der junge Andreas mit seiner Mutter, Foto Kreisarchiv Warendorf

Naturverbundenheit

Andreas Rottendorf war auf besondere Weise der Natur zugetan. Er liebte es, allein die Landschaft zu durchstreifen. Besonders die Vogelwelt hatte es ihm angetan. In seinem Gedichtband *Ick sinn de Fink, ick sing* verleiht er einer Vielzahl heimischer Vögel eine jeweils individuelle, charakteristische Stimme.
An seiner Gewohnheit zu Landausflügen hielt Andreas Rottendorf bis ins hohe Alter fest. Die Natur war für ihn ein Rückzugsrefugium und Ort der (durchaus nostalgischen) Rückschau. Vieles hiervon floss ins literarische Werk ein.
Rottendorf bedauerte, dass die Natur, wie er sie in seiner Kindheit kennengelernt hatte, im Umbruch begriffen war. In seinen Augen verlor sie ihre ›Unschuld‹. Im literarischen Werk findet diese Trauer einen vielfachen Widerhall.
Rottendorf war passionierter Jäger. Als er später in Bückeburg als Kaufmann tätig war, ließ er sich, unter Vereinsamung leidend, seine Flinten von zu Hause nachschicken. Seit 1937 hat er eine eigene Jagd in Ungarn gepachtet. Er jagte aber auch auf Rügen und wohl in der Umgebung von Berlin. Nach dem Zweiten Weltkrieg spielte die Jagd im Leben Rottendorfs weiterhin eine wichtige Rolle. Dies wird unter anderem daran sichtbar, dass er sich gern als Jäger fotografieren ließ.

Die Blindheit

Du siehst mit offnen Augen nicht
Die Blumenpracht am Wege,
Das Nest mit dem Gelege,
Das Wild und sein Gehege.
Und bist nicht auf dem Posten
Bei dem Genuß von Freuden,
Die allerwärts nichts kosten

Als jugendlicher Jäger. Beschädigtes, großformatiges Hinterglasbild im Kreisarchiv Warendorf.

Abschied von der Jugend

Das Idealbild einer unbeschwerten Jugend erlangt Risse, als Andreas Rottendorf 13 Jahre alt ist. Seine Mutter verkauft den von ihm geliebten elterlichen Hof an die Zementindustrie und zieht nach Münster. Das Gedicht *De Ellernhaoff* greift diese Situation auf:

Ick gonk alläin
Düör Busk un Kamp
Un üöwer mëi
Was't Himmelstelt.
Vön wëiten saoh ick
Duop un Damp,
In sick 'ne rächte,
Klaine Welt:
Dat was mein Ellernhaoff.
Nou briäkt se Stäine,
Makt viel Staoff
Un kimmensk denkt mähr dran,
Wu't Hiät mi bleuhen kann.
Schiäpelt män Geld,
Makt Widder Staoff
Out hillge Är
Vonnen Ellernhaoff.
De Är, de blött,
Mein Hiät blött auk
Bis alls is wohrn
To Schall un Rauk.

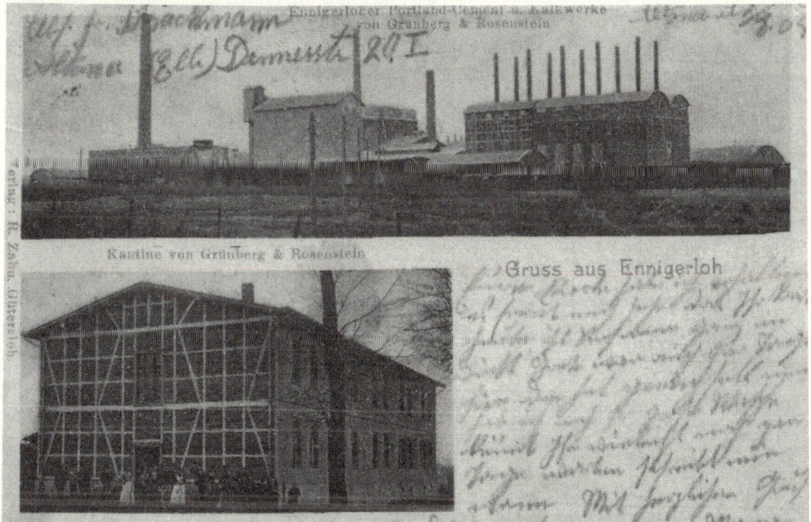

Auf zeitgenössischen Postkarten präsentierte sich Ennigerloh als aufstrebender Industrieort (Bestand Kreisarchiv Warendorf)

Vordringen der Zementindustrie

In den ersten Jahrzehnten des 20. Jahrhunderts hatten die Auswirkungen der Industrie auch das beschauliche Westfalen erreicht. Nicht nur Rottendorf beklagte den damaligen Raubbau an Natur und Landschaft. Sein literarisches Vorbild und väterlicher Freund Augustin Wibbelt stimmte ähnlich kritische Töne an (vgl. dessen Autobiografie *Der versunkene Garten* (1946).

In einer zeitgenössischen Quelle heißt es über Rottendorfs Geburtsort Ennigerloh: »Die Cement- und Kalkindustrie dehnt sich immer mehr aus. Die großen Cementfabriken sind in flottem Betriebe. Die Industrie hat unsere Gegend, in welcher bis vor kurzem neben Landwirtschaft nur eine unbedeutende Kalkbrennerei betrieben wurde, ein ganz anderes Gepräge gegeben. Da ist jetzt ein Leben wie im Kohlenreviere. Während früher hier nur unser altes, gutes Platt gesprochen wurde, herrscht jetzt eine babylonische Sprachverwirrung. Die Wirte, Bierbrauer und Branntweinbrenner machen ein Bombengeschäft. Neubauten schießen wie Pilze aus der Erde. Wer vom alten Ennigerloh noch einige Eindrücke retten will, der beeile sich, nach hier zu kommen. Die Zeiten ändern sich so gewaltig schnell, und bald wird unsere früher so friedliche Landgemeinde der reine Industrieort sein, worin Schlote, Wirts-, Waren- und Arbeiter-Häuser, Steingruben und Direktoren-Palais miteinander abwechseln.« 1915 gab es im Altkreis Beckum 30 Zementwerke. Das Beckumer Revier galt später als »größte ›Zementmulde‹ der Welt«.

Rottendorf trauerte seiner verlorenen Kindheit jahrzehntelang nach: »Was ich verlor / Gewann ich niemals wieder. / Was mir verblieb, / War kein Ersatz. / Die Zeit verging, / Die Nebel fallen nieder, / Ein dürres Blatt / Liegt auf dem leeren Platz.« Der durch den Verkauf des Hofes erlöste Gewinn fiel später vollständig der Inflation nach dem Ersten Weltkrieg zum Opfer. Im Ersten Weltkrieg wohnte Rottendorfs Mutter wieder in Ennigerloh, zunächst auf Bauernhöfen in der Nachbarschaft der früheren eigenen Hofstelle. Dort wurde sie von Andreas Rottendorf bei Heimaturlauben in Uniform besucht.

Im Steinbruch Ennigerloh. Zement wurde weitgehend ohne maschinelle Hilfe abgebaut. Fotos aus dem Archiv des Heimatvereins Ennigerloh

Schulzeit, Erster Weltkrieg und Berufswahl

Welchen Beruf soll der junge Andreas ergreifen? Bauer kann er nicht werden, denn der Hof ist ja nicht mehr da. Doch was dann? Vielleicht Förster, ist das Jagen doch seine große Passion?

Dem Jungen hilft ein bestimmender Charakterzug – seine Zielstrebsamkeit. Er will sich immerzu beweisen und bewähren. Dazu bietet ihm die Schule Gelegenheit. Bis 1912, bis zu seinem 15. Lebensjahr, besucht er die Rektoratsschule in Oelde, das Laurentianum. Dann wechselt er an das angesehene Paulinum in Münster. Dort legt er 1916 – mitten im Ersten Weltkrieg – vorzeitig das Abitur (die »Not-Reifeprüfung«) ab.

Schon im Jahr zuvor waren einige seiner Mitschüler zum Militärdienst eingezogen worden. Nun trifft es den 19-Jährigen und seinen ganzen Jahrgang. Er entschließt sich, Offizier zu werden. Nicht aus Liebe zum Militär, sondern weil er hierdurch zum berittenen Truppenteil kommt.

1917 wird er zum Leutnant befördert. Es folgen Fronteinsätze in Belgien und Frankreich. Nach dem Krieg steht erneut die Berufswahl an. Rottendorf bleibt zunächst Soldat. Er besucht die Offiziersschule in Potsdam und ist in Danzig, Polen, Halberstadt, Stendal und Magdeburg stationiert. Doch ein solches unstetes Wanderleben entspricht nicht seinem Naturell. Er lässt sich in die Heimat, nach Münster, zurückversetzen. 1922, mit 25 Jahren, reicht er seinen Abschied ein. Er hat sich zu diesem Zeitpunkt bereits als Student der Rechts- und Staatswissenschaft an der Universität Münster eingeschrieben. Doch auch das Studium sagt ihm nicht zu. Er bricht es nach kurzer Zeit ab. Im selben Jahr heiratet er die damals 19-jährige, aus dem elsässischen Eschau stammende Rosalia-Theresia Nierenberger. Es scheint, dass sie es ist, die ihn auf einen gradlinigen Weg bringt.

Als Schüler, 1914. Foto Kreisarchiv Warendorf

Der Kaufmann

Für das Ehepaar beginnt gleich nach der Heirat ein neues Kapitel ihres Lebens. Und das nicht in Rottendorfs Heimat, sondern rund einhundert Kilometer entfernt in der alten Residenzstadt Bückeburg. Dort erleben wir Andreas Rottendorf in einer neuen Rolle, der eines Kaufmanns in einer chemischen Fabrik.

Eine Zwischenetappe, wie sich herausstellt. Denn schon 1925 ziehen Andreas und Rose Rottendorf nach Berlin, wo Andreas Rottendorf für die Chemischen Werke Fehmeyer und Nolting arbeitet. Schon nach kurzer Zeit steigt er zum Assistenten der Direktion auf. Eine offensichtlich einträgliche Stellung, denn schon im nächsten Jahr beziehen Andreas und Rose Rottendorf nordwestlich von Berlin eine komfortable Wohnung.

Doch auch das ist nur der Anfang. Durch Aktiengeschäfte und eine Abfindung für seine Zeit bei der Reichswehr verfügt Rottendorf über ein stattliches Vermögen. Er nutzt es, um sich 1928 selbstständig zu machen. Er erwirbt von einem Berliner Apotheker eine kleine Produktionsstätte für die Herstellung von Tabletten und Dragées. Auf dem Türschild steht nun: »Chemische Fabrik Rottendorf«.

Rottendorfs erste eigene Produktionsstätte besteht lediglich aus einer Tablettenpresse und wenigen Dragéekesseln. Die Seele des Unternehmens ist ein offensichtlich sehr fähiger Herstellungsleiter. Man startet ganz bescheiden mit Knoblauchpillen. Die Einnahmen und Ausgaben werden sorgfältig in handschriftlichen Komptoir-Büchern notiert – in Schönschrift, vermutlich der Rose Rottendorfs.

Andreas Rottendorf ist kein Forscher, er entwickelt keine neuen Arzneimittel. Er ist Kaufmann. Und er hat das Gespür für eine besondere Marktlücke. Anlässlich des 25-jährigen Firmenjubiläums heißt es in der Deutschen Apothekerzeitung: »Vorausschauend erkannte seinerzeit der Gründer die künftige Bevorzugung der Dragéeform auf dem Arzneimittelmarkt und spezialisierte sich, da deren Herstellung für die meisten Fabriken nicht rationell ist, auf die Lohnfabrikation von Dragées, Tabletten und Pillen nach eingesandten Rezepten. Die allseitig anerkannte Güte und Zuverlässigkeit dieser Fabrikate ließ das Unternehmen zur führenden Spezialfabrik des Kontinents werden.«

Mit seiner Ehefrau Rose und seiner Schwägerin (unteres Bild rechts) um 1921. Fotos Kreisarchiv Warendorf

Rose Rottendorf

Rose Rottendorf (1899-1981) ist ihrem Mann jahrzehntelang eine unersetzliche Partnerin und Stütze. Sie stammt aus dem Elsass und ist die Tochter eines ehemaligen Kriegskameraden Rottendorfs aus dem Ersten Weltkrieg. Sie leitet im Betrieb die Buchhaltung und führt die Firma durch die Kriegsjahre 1939 bis 1945. Als 1949 der pharmazeutische Betrieb nach Ennigerloh umzieht, behält Rose Rottendorf ihren Wohnsitz in Berlin bei, wo das Ehepaar weiterhin einen Firmenstandort betreibt, den Rose Rottendorf leitet. Berlin ist auch Sitz des familieneigenen Verlags Contra torrentem, in dem Andreas Rottendorf seine Texte veröffentlicht. Erst in ihrer letzten Lebensphase zieht Rose Rottendorf nach Ennigerloh. Nach dem Tod ihres Mannes im Jahre 1971 führt sie das Pharma-Unternehmen zunächst allein fort. 1974 überträgt sie es der von ihr begründeten Rottendorf-Stiftung. Rose Rottendorf stirbt 1981 in Ennigerloh.

Gemälde im Kreisarchiv Warendorf

Anfangsjahre des Ehepaars in Berlin. Fotos Kreisarchiv Warendorf

In der ›Chemiestadt‹ Berlin

Berlin ist damals das Mekka der deutschen Chemieindustrie. Die ›große Zeit der Berliner Chemie‹ hatte bereits Mitte des 19. Jahrhunderts eingesetzt. Sie währte knapp 100 Jahre. Bahnbrechende Entwicklungen hatten renommierte Forscher nach Berlin gelockt, was in der Vergabe von Nobelpreisen zum Ausdruck kam. Zwischen der ersten Nobelpreisvergabe 1901 und 1918 gingen sieben von 17 Chemienobelpreisen nach Berlin. Erst die Hyperinflation in der Weimarer Republik führte die aufsteigende Branche in eine Krise. Es kam zu zahlreichen Firmenpleiten, Zusammenschlüssen und Übernahmen.

Diese Phase des Umbruchs und der Neuorientierung nutzt Andreas Rottendorf als Chance. Die Zeitentwicklung ist auf seiner Seite. Die Berliner Chemieindustrie erholt sich und gehört bald wieder zur Weltspitze. Auch mit der Chemischen Fabrik Rottendorf geht es aufwärts. Die Firma wächst so schnell, dass Rottendorf nach fünf Jahren, 1933, eine eigene Fabrik in der Kaiserin-Augusta-Allee 4 im Stadtteil Charlottenburg eröffnen kann. Er kann nun im industriellen Maßstab produzieren. Nach sechs Jahren hat die Firma bereits 50 Mitarbeiter. Zugleich steigt Rottendorfs Renommee. Er wird ins Direktorium der Chemischen Industrie Berlins gewählt.

1933 werden 20 Tonnen Tabletten und Dragées gefertigt, 1938 sind es bereits 80 Tonnen, 1953 120 Tonnen, 1958 300 Tonnen, 1968 850 Tonnen und 1978 120.000 Tonnen. Schritt für Schritt wird die Chemische Fabrik Rottendorf eine Weltfirma, die sich später in Rottendorf-Pharma umbenennt und heute über 1.300 Mitarbeitende hat bei einem Jahresumsatz von rund 300 Millionen Euro (Stand 2024).

Die Berliner Produktionsstätte der ›ersten Stunde‹. Fotos aus der Firmenfestschrift 1978

Ein Musterkoffer und ein Rechnungsbuch

Wie hätten Sie's denn gern? Welche Farbe soll das gewünschte Medikament aufweisen? Zurückhaltendes Pastell oder eine auffällig-bunte Optik? Die Geschäftskunden hatten die Qual der Wahl. Sie konnten entscheiden, mit welcher Glasiermasse sie ihre Tabletten überziehen lassen wollten.

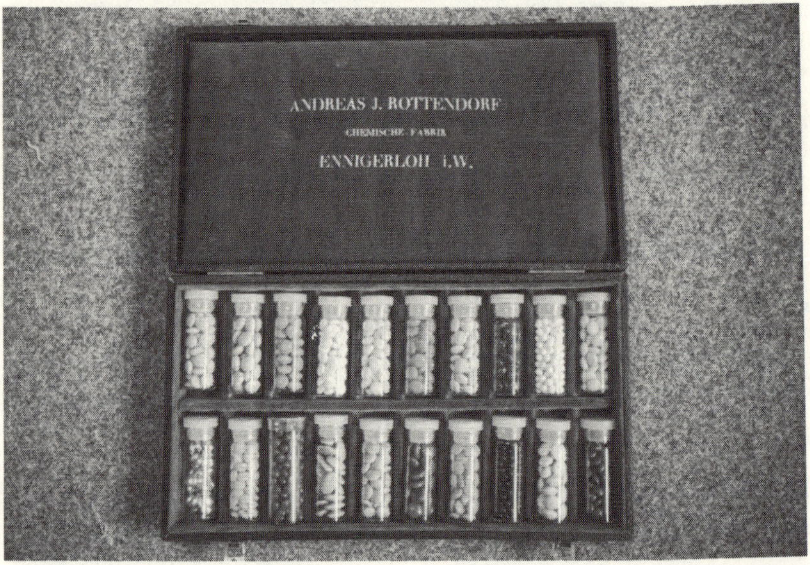

Exponat aus dem Firmenarchiv

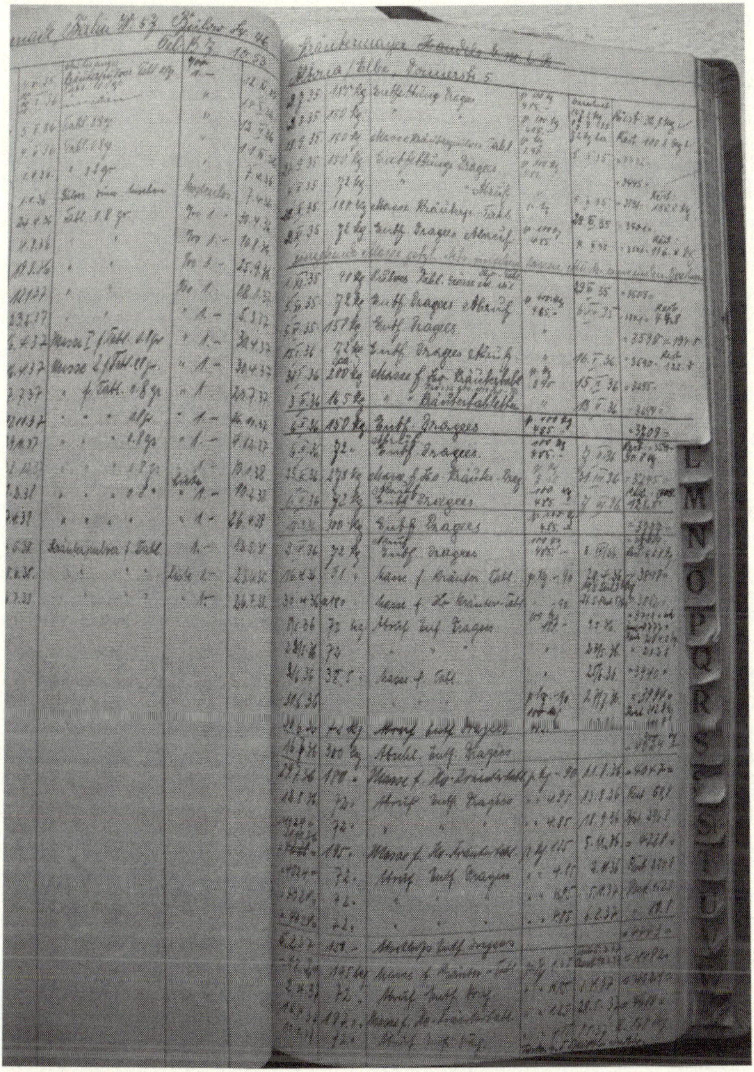

Die akkurate Schönschrift in einem frühen Rechnungsbuch ist möglicherweise die Rose Rottendorfs. Exponat aus dem Firmenarchiv

Der Zweite Weltkrieg

Der Ausbruch des Zweiten Weltkriegs 1939 verändert das Leben des Ehepaars Rottendorf schlagartig. Andreas Rottendorf wird unmittelbar mit Kriegsbeginn zum Militärdienst eingezogen. Seine Frau Rose übernimmt die Verantwortung für die Firma. Sie leitet das Unternehmen die gesamten Kriegsjahre hindurch bis 1945.

Bis 1943 laufen die Geschäfte wie gewohnt. Dann wird die Fabrik durch einen Bombenangriff vollständig zerstört. Da sie kriegswichtige Medikamente herstellt, wird die Produktion, in der auch russische Zwangsarbeiter beschäftigt sind, 1944 ins Vogtland, nach Reichenbach, in die Räume einer Zuckerfabrik verlagert. Auch hier kommt es zur Teilausbombung und zur Stockung der Produktion. Eine Notlage folgt der nächsten. Die Geschicke der Firma liegen weiterhin allein in den Händen Rose Rottendorfs. Ihr Mann ist noch immer Soldat. Er hatte zunächst am Ostfeldzug und der Eroberung Polens und am Überfall auf die Sowjetunion teilgenommen. Im Winter 1942/43 war er auf der Krim stationiert und während des Rückzugs 1944 in Rumänien und Ungarn. 1945 kommt er in amerikanische Gefangenschaft, wird aber schon nach kurzer Zeit entlassen. Später nimmt Rottendorf eine entschieden antimilitärische und pazifistische Haltung ein.

Im Zweiten Weltkrieg. Foto Kreisarchiv Warendorf

Neuanfang nach 1945

Nach dem Krieg kehrt Rottendorf nach Berlin zurück. Die ganze Stadt ist von der Roten Armee besetzt. Die chemische Industrie liegt am Boden, es kommt zu Plünderungen und umfangreichen Demontagen. Die Chemische Fabrik Rottendorf steht vor dem Nichts.

Andreas Rottendorf mietet zunächst eine Produktionsstätte in der sowjetischen Besatzungszone an. Die Sperrung der Zufahrtswege nach West-Berlin durch sowjetische Truppen 1948, der damit einhergehende Ausfall der Kundschaft in der sog. SBZ und die teilweise Abwanderung der Berliner Kundschaft nach Westen behindern eine Produktion größeren Umfangs. Für kurze Zeit nimmt Rottendorf die Produktion in einer stillgelegten Schokoladen- und Zuckerwarenfabrik in Herford auf, da ihm in Westdeutschland noch keine andere Produktionsstätte zur Verfügung steht. Nach mühsamem Start weist die Erfolgskurve erneut nach oben. Und zwar so steil, dass Andreas Rottendorf den Neubau eines Betriebs in seiner Heimatstadt Ennigerloh ins Auge fasst. Er erwirbt dort nach und nach ein etwa 30.000 Quadratmeter großes Gelände – inklusive einer Direktionsvilla, in der bis heute die Rottendorf-Pharma ihren Firmensitz hat. Am 1. Juni 1949 wird die Produktion in der neu errichteten Fabrik in Ennigerloh an der Ostenfelder Straße aufgenommen.

Es bleibt unklar, wann Rottendorf endgültig von Berlin nach Ennigerloh zurückkehrt. 1956 ist sein Hauptwohnsitz noch in Berlin-Grunewald. Sein Ansehen in der Unternehmerbranche ist nach wie vor hoch. Er wird zum »Vorsitzenden des Verbandes der pharmazeutischen Industrie im britischen Sektor Berlins« ernannt.

Die Anfänge in Ennigerloh

Der erfolgreiche Unternehmer und der Privatmensch

In den 1950er Jahren zählt das Unternehmen schnell wieder zu den führenden deutschen Arzneimittelherstellern. Die Geschäfte laufen so gut, dass das Ehepaar Rottendorf unbeschwert Reisen unternehmen kann. Es besucht Ungarn, den Schwarzwald, Frankreich und Oberschlesien. Zahlreiche Familienfotos bezeugen eine heitere und entspannte Lebensphase in der Zeit des ›Wirtschaftswunders‹.
In Ennigerloh ist Rottendorf, wie es scheint, ›bei sich angekommen‹. Aus dem Stadtbild Ennigerlohs ist er nicht wegzudenken. Er ist dort bevorzugt mit dem Pferd oder Fahrrad unterwegs und genießt den Status eines ›Originals‹. Häufig besucht er Bauern aus der Umgebung und gibt sich überhaupt sehr ›volksnah‹.
In persönlichen Erinnerungen wird er als »kantige« und eigenwillige Persönlichkeit beschrieben. Auf der anderen Seite schätzt man ihn als loyale und ›ehrliche Haut‹. Er ist eine schillernde, auch widersprüchliche Persönlichkeit, »die man nicht in einem kurzen Satz beschreiben kann« (Heinrich Schürmann).

Am Wolfgangsee, 1941. Foto Kreisarchiv Warendorf

Ein eigener Verlag

Im erwähnten, familieneigenen Verlag Contra torrentem – gegen den Strom – veröffentlicht Andreas Rottendorf ab 1956 elf Bücher. Der Verlagsname ist einem Wahlspruch Anton Joseph Maria Hilckmans aus dem kleinen münsterländischen Ort Bevergern entlehnt, eines entschiedenen Gegners des Nationalsozialismus.

Mit dem Selbstverlag bewahrt sich Rottendorf das, was ihm zeitlebens besonders wichtig ist: seine Unabhängigkeit. Durchschnittlich erscheint jedes Jahr ein neuer Band, eine hohe Schlagzahl also.

Gedruckt werden die Publikationen in der Hauptsache in einer Warendorfer Druckerei. Auch bei der Buchgestaltung bevorzugt Rottendorf heimische Künstler.

Der Verlagsname ist für Rottendorf Programm. Er geht in seinen Texten keine Kompromisse ein, behält sich vor, ›frei von der Leber weg‹ zu sprechen. Er ist niemand, der sich auf dem großen literarischen Parkett beweisen will oder einen Kontakt zur literarischen Szene sucht. Er schreibt in erster Linie für sich selbst, einen engen Freundes- und Bekanntenkreis und sein lokales Lebensumfeld. Seine Gedichtbände sind Mitbringsel, mit denen er seine Geschäftspartner überrascht und nachweislich auch beglückt. Diesen Adressatenkreis will er an seiner Gedankenwelt teilhaben lassen. Es geht ihm dabei weniger um die ästhetische Seite seiner Texte als um ihre moralisch-weltanschauliche Botschaft. In dieser Hinsicht sind alle Texte Rottendorfs ein unmittelbarer Spiegel seiner Persönlichkeit.

WEGEMARKEN

Schwerpunkt bei der Lyrik

Als 1956 Rottendorf literarisches Debüt, der Gedichtband *Düörgemeus*, erscheint, ist Rottendorf bereits 59 Jahre alt. Er hat ein aufzehrendes Berufsleben hinter sich und befindet sich bereits in seinem letzten Lebensdrittel. In seinen Texten hält er kontemplative Rückschau, blickt auf eigene Lebensstationen zurück und richtet den Blick auf Tugenden wie Fleiß, Toleranz, Aufrichtigkeit und Menschenliebe – durchweg christliche Werte also. Hinzu kommen Beobachtungen über die Themen Heimat, Mundart und die geliebte Natur- und Tierwelt. Aus seinem unmittelbaren Lebensumfeld werden unter anderem die Städte Ostenfelde, Oelde, Liesborn und Ahlen in eigenen Texten behandelt.

In *Düörgemeus* wie in seinen anderen Büchern fordert Rottendorf eine selbstbewusste ›aufrechte‹ Haltung ein, auch gegenüber der Politik: Übe Widerstand, wenn es notwendig ist, lautet sein Credo, aber füge anderen keinen Schaden zu. Der Untertitel von *Düörgemeus* ist unmissverständlich: *fö klaore Köppe, stëiwe Nacken, faste Föüste un wahme Hiäten.*

Rottendorfs Zeitkritik ist durchgängig ›scharf‹ formuliert und bezieht eine klare Position – Drumherumreden ist nicht Sache dieses Autors.

Wie der Kulturredakteur Ulrich Gehre betont, habe sich der Ennigerloher Fabrikant immer dann mit seiner »streitbaren Feder« zu Wort gemeldet, wenn er die Heimat bedroht sah. In seiner »oft kantigen Art« sei Rottendorf »nicht immer und jedem ein bequemer Partner gewesen«, er habe es aber bei aller Eigenwilligkeit stets ehrlich gemeint und sei dabei seinem Gewissen gefolgt.

Insgesamt bringt Rottendorf drei plattdeutsche Gedichtbände heraus, neben *Düörgemeus Ick sinn de Fink, ick sing* (1966) und *Hakäsen* (1967).

Jck sinn de fink
Jck sing

Zeitkritik

In seinen beiden hochdeutschen Lyrikbänden *Bittre Pillen* (1962) und *Wegemarken* (1966) übt Rottendorf nicht minder »harte Kritik an den Zeitumständen«, wie es in einer Kritik heißt. Aus seinen Versen spricht ein unbeugsamer Offensivgeist. Rottendorf hält seinen Zeitgenossen vor, in Zeiten des Wirtschaftswunders das eigene Denken aus Bequemlichkeit aufgegeben zu haben: »Wenn alle Ratsherren ständig nicken / Und ängstlich auf das Mienenspiel / Des Bürgermeisters blicken, / Dann trägt der brave Untertan / Selbst Schuld an dessen Größenwahn / Und muß die Folgen tragen« (*Die Kollektivschuld*) In ähnlichem Tenor heißt es in *Die Gedankenfreiheit*: »Im Denken ist der Mensch stets frei, / Er tut's nur nicht, / Er ist zu faul, / Drum schaut er auch dem Scharlatan, / Hypnotisiert vom Massenwahn, / Begeistert auf das Lügenmaul / Und wiehert wie ein Karrengaul / Trotz Sielen, Kumt und Peitsche.«

Mehrere Texte widmen sich dem verdrängten und ›unbequemen‹ Thema der ›Judenverfolgung‹. In *Die Entnazifizierung* heißt es: »Sie tun, als wäre nichts gewesen, / Sie sind so unschuldsvoll und rein / – Kein Kind, kein Engel ist so rein – / Und handeln doktrinäre Thesen / Beim nächsten Ablasskrämer ein.« Mangelnde Courage wird man Rottendorf nicht vorwerfen können.

Daneben finden sich auch in den hochdeutschen Gedichtbänden reflektierende Betrachtungen und ein besinnliches Memento mori. In formaler Hinsicht bevorzugt Rottendorf eine pointierte, epigrammatische Kürze.

Quo vadis?

Wir haben die Juden erschlagen,
Wir haben sie massakriert,
Doch sind wir in unseren Tagen
Noch längst nicht vom Ungeist kuriert.

Wir machen die besten Geschäfte,
Na, wenn schon,
Was ist denn passiert?
Das Stöhnen und Ächzen der Opfer
Hat niemals den Mörder geniert.
Ich höre das Schluchzen der Frauen,
Im Blute liegt mancher Soldat,
Ich sehe das Kreuz und das Grauen
Am Wege nach Stalingrad

Die Kristallnacht

Was weiß der Satte
Von Ödemen,
Da er den Hunger gar nicht kennt,
Was wissen wir
Von Schuld und Sühne,
Wenn uns die Scham
Nicht auf der Stirne brennt,
Da wir
– Es ist ja kaum zu fassen –
Den Terror und den Meuchelmord
Aus Feigheit
Haben zugelassen.

Lokale Gedichte

Zahlreiche Gedichte bringen Andreas Rottendorfs Verbundenheit zu seinem unmittelbaren lokalen Umfeld zum Ausdruck. Das gilt vor allem für seinen frühesten Gedichtband *Düörgemeus*. In dem Text *Uppen Biäge* und *Bügel un Tügel. Bi Rimbiäcks* finden Bauernhöfe aus der Nachbarschaft des früheren elterlichen Hofs Erwähnung. Die Gedichte auf Stromberg, Oelde, Liesborn, Vellern, Warendorf, Ostenfelde, Westkirchen, Wiedenbrück, Ahlen und Lippborg sind jeweils mit persönlichen Episoden verknüpft. In *Out Kiärspel* geht die biografische Rückschau mit typisch Rottendorf'schen Lebensmaximen einher.

Out Kiäspel

Ick stamm out äin Kiäspel,
Gonk in de wëite Welt,
Mäist was ick dao to finnen,
Wo Käle nao wat gelt.

Ick wull nich Amt un Titel,
Naoug duch mi jä mëin Kopp,
Alltëid laip ick alläin
Un nümmes innen Tropp.

Nou sinn ick aolt un tattrich,
Anfällig wohr mëin Lëiw,
Währ ick auk manks wat gnaddrich,
De Nacken bläiw wahn steiw.

Drüm stiäw 'k met steiwen Nacken,
Ick wiähr mi bis tolest.
Ick brouk nich Luow un Orden:
Äin Käl sinn ick bloß west
Un dat is mähr äs naoug.

Niägelkes
– Strombiäg –

Wat blaihet scheun de Niägelkes
So violett, so witt,
Dao stait auk nao de aolle Bank
Wo ick so gähn drup sitt.
De Bank wäit viël von Laiwe,
De Bank haor viël von Tröü
Un de sick dat dao schwuon
Sind lang ahl aolle Löü.
Nou sitt't de Kinneskinner
Wull up de söwt'ge Bank,
Se köühert von Laiw un Tröühe,
Se treckt an den söwtigen Strank.
Wenn düsse Bank dao bliww,
Gait dat alltëid so Widder,
Solang et Mensken giww.

Humor und Satire

Rottendorfs schalkhafte Natur ist durch viele Anekdoten bezeugt. Sie sind noch heute im kollektiven Gedächtnis seiner Heimatstadt Ennigerloh lebendig. Im literarischen Werk findet dieser Wesenszug einen vielfachen Widerhall. Besonders gern nimmt Rottendorf Personen aufs Korn, die sich in ihrer ›Hochnäsigkeit‹ und Blasiertheit etwas auf ihre gesellschaftliche Stellung einbilden. So im Gedicht *Blamabel* mit satirischem Anklang:

Ein eng begrenzter Horizont
Sich gern im Glanz des Titels sonnt;
Verlör der Mann
Indes den Titel,
Dann ständ er
Gänzlich ohne Mittel
Vor uns
In jämmerlicher Pose:
Gleichsam
In seiner – Unterhose.
Wie peinlich wär es und prekär,
Wenn hier von dir die Rede wär,
Denn störend wirken Nuditäten
Selbst bei Regierungsräten.

Au contraire

Mich schätzte Fräulein Béatrice,
Die mir die Seligkeit verhiess,
Wenn ich mich ihr vermählte
Und sie zum Weib erwählte.
Ich fühlt' ihr auf den Zahn,
Dann hab ich's nicht getan,
Weil sie mich ständig quälte
Und purrte, gurrte, schmälte,
Was schließlich auch den stärksten Mann
Mal auf die Nerven fallen kann.
Was Liebe ist, sagt das Gemüt
Und macht daraus kein Landgestüt.

Anders

Manches sieht bei Neon-Leuchten
Anders als bei Tage aus,
Auch der Kater schaut sein Kätzchen
Anders an als eine Maus.

Bandbreite des literarischen Schaffens

Rottendorfs literarisches Schaffen weist in Summa eine nicht geringe Bandbreite auf. Seine Texte schließen neben hoch- und niederdeutscher Prosa auch Szenisches, Tagebuchartiges, Reisebeobachtungen und philosophische Betrachtungen mit ein.

Rottendorf ist ein veritabler Erzähler. Das zeigen seine satirischen Skizzen, Kurzgeschichten und Reflexionen in den Bänden *Am Rande* und *Arabesken*. Als gemeinsamer Nenner ist auch hier ein autobiografischer Bezug auszumachen, der häufig auf Rottendorfs Zeit beim Militär zurückweist – Erinnerungen, die er auf diese Weise vor dem Vergessen bewahren will.

Andreas J. Rottendorf

Bagatellen

De Dag vergonk

Besonders stark tritt Rottendorfs Erinnerungsprosa in dem Bändchen *De Dag vergonk* zutage. In der Erzählung *Vom inneren Frieden* beschreibt er, wie er an seinem 65. Geburtstag die Stätten seiner Kindheit und Jugend aufsucht. An seinem Geburtshaus imaginiert er sich in die frühere Zeit zurück.

Ich fuhr mit dem Fahrrad durch den stillen Frieden des Münsterlandes, besuchte das Grab meiner Eltern und sah die bereits umgebrochenen Äcker und die noch abzuerntenden Rüben- und Kartoffelfelder, ein Bild des Herbstes und Gleichnis zugleich für Werden und Vergehen. Und zu genau der gleichen Stunde, in der ich vor 65 Jahren auf die Welt gekommen bin, stand ich an diesem frühen und fröhlichen Morgen an eben dieser alten Sohlstätte und gedachte der Vergänglichkeit der Menschen und der Zeiten. Da lag noch der alte Kieselstein in seiner ganzen Schwere und seiner ganzen Wucht und in seiner ganzen Ruhe und Härte des Inneren und Äußeren. Das Laub saß noch auf der alten Eiche, unter der ich schon als kleiner Knabe lag und träumte. Ihre Rinde war narbig. Ich streichelte sie, wie ich jedesmal tue, wenn ich sie treffe. Ich streichelte auch den Findling und die weit auseinanderstehenden Torpfeiler. Ich schloß die Augen, und es erstand vor mir das, was gewesen war und was entschwand. Ich sah meine Jugend, meine Eltern und meine Schwester, die Knechte und die Mägde, die Pferde, die Kühe, die Schafe und das zahlreiche Federvieh, das hoch aufstrebende, aus einem Wald von schweren Eichbäumen gefügte und dabei doch so feingegliederte Niedersachsenhaus in einer Länge und Behäbigkeit, in einer Stärke und Geschlossenheit, die ich anderswo vergeblich suchte. Ich sah das Backhaus und das Brauhaus, das zweigeschossige Flucht- und Vorratshaus, kurz Speicher genannt, die Scheune und den Schafstall, das Holzhaus und die Wagenremisen, den beweglichen zweirädrigen Schäferkarren als den Vorläufer der heutigen Wohnwagen und ganz hinten bei der Bleichkuhle das Immenhäuschen. Ich las vor dem Vüörschöpsel den alten Spruch, den der Erbauer in den Eichbalken schreiben ließ: »Alle Gaben, die wir haben, stammen, Gott, aus Deiner Hand, sei uns gnädig und bewahre Haus und Hof vor Pest und Brand.«

Ich ging über die gewaltige Tenne und betrat die Halle, in der zur Erntezeit zwei voll beladene Fuder Platz hatten, wenn man sie von der Deichsel befreite. Ich sah den alten Herd und seine rote Flamme lodern, und sie beleuchtete die eiserne Platte, auf der von der Erschaffung der ersten Menschen an die Geschichte der Erlösung der Sterblichen dargestellt wurde. In großen Ziffern stand auf ihr die Jahreszahl: 1599.
Ich ging an der alten Wanduhr vorbei, die zu soviel freud- und leidvollen Geschehnissen die Stunde geschlagen hatte, stieg die Upkammer hinauf und sah die alten gotischen Schränke wieder, ich sah das Sattelzeug an der Wand und die Pistolen und die Feuerwaffen in fast musealer Folge seit der Erfindung des Schießpulvers aufgehängt, und ich öffnete den flachen Deckel einer langen Truhe und erblickte in ihr das Beiderhandschwert. Ich sah durch die bleiverglasten Fenster auf den alten Fliederbaum, in dem ich als Junge meine ersten Kletterübungen versucht hatte.
Ich ging zurück durch die Halle und trat nach draußen durch die Tür, in deren Supraporta zwei gekreuzte Schwerter von Ähren umkränzt wurden. Unter ihnen aber stand in gotischen Majuskeln:

VIVIS ET MORTUIS,

das heißt auf deutsch: Dieses Haus gehört den Gegenwärtigen und den Vergangenen, den Lebenden und den Toten.
Dann aber wandte ich mich ab.

Confessio generalis

Rottendorfs Text *Ein Bekenntnis* in dem Prosaband *Am Rande* ist ein weiteres typisches Beispiel für sein literarisches Hauptthema, die persönliche Selbstvergewisserung. Der Text beinhaltet neben den heimatlichen Bezügen eine starke Hinwendung zu christlichen Glaubenspostulaten.

Ein Bekenntnis
– Confessio generalis –

Meine Grundhaltung ist menschlich und das ehrwürdige, urwüchsige Niederdeutsch meine Muttersprache.
Meine stille Liebe gehört den heimatlichen Wäldern, den umwallten Weiden, der blumenreichen Wiese mit ihrem quicklebendigen, glucksenden Bächlein und der braunen, unscheinbaren Ackerkrume, aus der die grüne Saat sprießt und die den sich hochreckenden, naseweisen, hohlen Halm trägt und ernährt, bis die reife, körnerreiche, fruchtschwere Ähre sich zur Erde neigend Mahd und Sense erwartet, auf daß die blinkende Pflugschar die Scholle breche und bereitmache zu neuer Saat, zu neuer Ernte, Jahr um Jahr, in ständigem Fluß und stetem Wechsel.
Ich sehne mich nach der ewigen Ruhe, und ein unstillbares Verlangen nach vollendeter Harmonie, nach weiten Horizonten und nach hohen Himmeln ist in mir von Jugend an. Geborgen fühlte ich mich auch in den Rauen Nächten am häuslichen Herde, wo die rote Flamme loht und ihr heißer Hauch das Holz zu Asche verwandelt, ja, zu der gleichen Asche, mit der der Priester nach jeder Fastnacht den Gläubigen das Kreuz der Vergänglichkeit auf die Stirne zeichnet:
Memento homo quia pulvis es et in pulverem reverteris.
Ich aber glaube an die Auferstehung und das Leben. Vielleicht erwache ich, wenn ich sterbe. Vielleicht bin ich schon längst tot, wenn ich das Leben in vollen Zügen zu genießen vermeine …

Kritischer Geist und Zeitungsleser. Foto Kreisarchiv Warendorf

Das ›Mäßigkeitswasser‹

Warum, dachte sich der Unternehmer, soll man seine Lebensmaximen nicht auf Schnapsflaschen drucken lassen? Im Falle des *Aqua ennigerlohensis Rottendorffii* rät er dazu, bei Bedarf nach kräftigem Essen ein Wasserglas Korn zu trinken. Mehr jedoch nicht, denn wer nur eine halbe Flasche trinke, habe doppelt so lange etwas von ihrem Inhalt und bleibe überdies nüchtern (!?). Er spricht deshalb auch von »Mäßigkeitswasser«. Drei solche Schnapsflaschen sind im Kleinen Drubbelhaus im Ortskern von Ennigerloh in einer kleinen Dauerausstellung des Heimatvereins zu sehen.

Klaore Kwahkelmiälk

De Buddel mäck wull mannichäin
so stillkes lihg fö sick alläin:
dat deut de rächte Söüper,
Wi drinket bloss de halwe Pull,
dann bliww se twäi maol länger vull
un wi blëiwt alltëid nöchtern.
Män weck dao nich met ümgaohn kann
de sall un mott von'n Döuwelstöüch
auk sëine Finger laoten
Kwakel-Kluck – Kwakel-Kluck

Klare Wacholdermilch
Die Flasche macht wohl mancher
So still für sich alleine leer:
Das macht der rechte Säufer.
Wir trinken nur die halbe Pulle,
Dann bleibt sie zweimal länger voll
Und wir bleiben immer nüchtern.
Aber wer damit nicht umgehen kann
Der soll und muss vom Teufelszeug
auch seine Finger lassen
Wacholderschnaps – Wacholderschnaps

Rottendorf im Urteil anderer

Rottendorfs Texte wurden durchweg positiv aufgenommen, auch von prominenten Stimmen in der Tagespresse und einschlägigen Rezensionsorganen. Rottendorf hat die Urteile sorgfältig im Nachlass verwahrt – eine gewisse Autoreneitelkeit ist auch ihm nicht abzusprechen.
Für den renommierten niederdeutschen Warendorfer Autor Anton Aulke zeigen Rottendorfs Verse »einen völlig originalen Dichter und Schriftsteller, bei dem von einem Einfluß irgendwelcher schreibenden Vorgänger oder Zeitgenossen durchaus keine Rede sein« könne. Aulke fährt fort: »Sicherer Blick, reiche Erfahrung und abgeklärte Lebensanschauung befähigen Rottendorf dazu, über die vielfach verschlungenen Wege menschlicher Existenzen … stets etwas Gültiges zu sagen. Gerechtigkeit, Sittlichkeit, geistige und körperliche Gesundheit sind ihre Leitsterne. Humor und Satire geben ihnen zusätzliche Würze. Knappheit und Treffsicherheit des Ausdrucks sowie oft überraschende Pointen sind ihre formalen Vorzüge.« Aulke charakterisiert Rottendorfs Gedichte als »verhalten«, »spröde« und »herb«. Sie seien »weit entfernt von jeder billigen Sentimentalität« und kämen »aus einem tieffühlenden Herzen«. In ihrer inneren und äußeren Form seien sie »absolut originell«. »Schlicht in der Sprache, wirken sie oft durch eine zarte, hauchfeine Symbolik.« Damit sind Grundzüge auch anderer Beurteilungen benannt.

Erneut in kritische Zeitungslektüre vertieft … Foto Kreisarchiv Warendorf

Im Urteil anderer (2)

Der westfälische Mundartautor Heinrich Luhmann bemerkt über Rottendorfs Lyriksammlung *Ick sinn de Fink, ick sing* (1966):

> Sein kleiner Band *Ick sinn de Fink, ick sing* ist … ein Beweis dafür, dass der Verfasser aus dem tiefstem Atem seiner Mundart lebt, dichtet und schreibt … So echt wie er denkt und schreibt ist auch das, was er seinen Vögeln in den Schnabel legt oder selbst von ihnen aussagt. Er kennt sie alle, vom »Niddelküningk« (Zaunkönig) bis zum »Kraonken« (Kranich). Was seine, meist nur aus wenigen Zeilen bestehenden Strophen wiedergeben, ist nicht das Quinquilieren, das Leichthin des Volksreims – es wird in jedem einzelnen Fall zur kurzen Darstellung der Wesenszüge, zu einer treffenden Charakteristik. Bei der Eigenart Rottendorfs wundert es nicht, daß sich in diese Bilder immer wieder die Farbtöne allgemeingültiger, auf das Leben bezogene Wahrheiten und Weisheiten mischen. Darin …, in der Treue und Souveränität, mit denen die zugrunde gelegte Mundart behandelt wird, ist das Besondere dieser kleinen Vogelkunde und Vogellaudatio in Versen zu sehen.

Anton Aulke soll ein weiteres Mal zu Wort kommen:

> [Rottendorfs Bücher] zeigen den Autor als einen Mann von hohem geistigem Format … Trotz seiner westfälischen Abstammung und Eigenart, trotz seiner Liebe zur Heimat und zur niederdeutschen Sprache ist Rottendorf kein Heimatpoet im engen Sinn, sondern er ist in seinen Gedanken und Empfindungen durchaus Weltbürger … Der Kreis seiner Themen ist außerordentlich weit gespannt …

Nachdenklicher Einzelgänger. Foto Kreisarchiv Warendorf

Im Urteil anderer (3)

Er war tief in seiner Heimat verwurzelt und besonders ihrer Sprache, dem Plattdeutschen, verbunden: Andreas J. Rottendorf (1897-1971), originell-eigenwilliger Münsterländer, tüchtiger Unternehmer, aber auch verdienstvoller Kulturförderer und beachtenswerter Autor ... Die Kinder- und Jugendjahre auf diesem Hof haben ihn geprägt; sie waren die Quelle seiner Verbundenheit mit den Menschen des Münsterlandes. »Mehr sein als scheinen« und »Viel leisten – wenig hervortreten«: das waren die Devisen seines Lebens ... Er schrieb selbst Gedichte in der Mundart des Münsterlandes, feinfühlig und bilderreich ... Auch die hochdeutschen Schriften Rottendorfs – Erzählungen, Anekdoten, Zeitkommentare, Betrachtungen, Gedichte, Epigramme – lassen einen unabhängigen, mitunter eigenwilligen Beobachter und Kritiker erkennen, der sich modischen Tendenzen und billigem Zeitgeist nachdenklich entgegenstellt.
(Siegfried Kessemeier)

Wenn überhaupt das Gemüt noch mit der Sprache erreichbar ist, dann mit der Muttersprache, die einem Manne vom Schlage eines Andreas J. Rottendorf Teil seines eigenen Ichs geworden ist, deren selbstverständliche Beherrschung ihm dazu verhilft, ihre verborgenen Schönheiten zuchtvoll ans Tageslicht zu holen. Daß ihm die Geheimnisse der Dichtkunst vertraut sind und daß er sich davor zu hüten weiß, Hochdeutsches ins Plattdeutsche zu übersetzen, bestimmt den Wert seiner Lyrik, die alles andere als kopiert erscheint. So sind es immer wieder die kleinen und unscheinbaren Dinge, die ihn zum Nachdenken anregen und in denen er das Wirken der Natur, das Leben zwischen Werden und Vergehen beobachtet, um in der moralischen Nutzanwendung seinen Mitmenschen heilsame Lehren auf den Weg zu geben. Die kleine Blume oder der armselige Wurm am Wegesrand sind ihm bedeutend genug, als Geschöpfe göttlicher Natur ans Tageslicht geholt zu werden, weil im Verborgenen der Glanz des Lebens eher zu finden ist als auf den lauten Gassen.
(Aus der damaligen Tagespresse)

Bestimmender Blick … Foto Kreisarchiv Warendorf

Lokalpresse

Rottendorf fand sichtlich Gefallen am Veröffentlichen. Und das nicht nur in Buchform. Auch in der Lokalpresse war er – meist mit Aperçus aus dem Alltag – mit zahlreichen Gedichten vertreten. Die Tageszeitungen Die Glocke und die Westfälischen Nachrichten sind Teil seiner literarischen Heimat.
Rottendorf hat über diese kleinen Veröffentlichungen akribisch Buch geführt. Bei der Übersendung neuer Beiträge trat er gegenüber den Redaktionen der beiden Blätter geschäftsmäßig-selbstbewusst und durchaus mit Nachdruck auf.
Die Zeitungen nahmen die Beiträge gern auf. Sie waren willkommene Füllsel für die Unterhaltungsseiten am Wochenende – nicht zu lang, mit einem gewissen Hintersinn und gern auch humoristisch gefärbt. Kleine Stolpersteine, die eher beiläufig daherkommen und vielleicht durch diese Unaufdringlichkeit die erhoffte, zum Nachdenken anregende Wirkung entfalten. In den Westfälischen Nachrichten erscheinen sie unter der eigens Rottendorf zugedachten Rubrik »Gedankensplitter«.

Vom Speisen und Bechern

Der Eine hält den Becher hoch
Ganz voll des edlen Weines,
Ein Andrer liebt den Schinken mehr
Vom Hinterlauf des Schweines.

So beide dies mit Maßen tun,
Grüß ich sie als Genießer,
Und wer daran gern Anstoß nimmt,
Das ist und bleibt ein Spießer.

Vater bedroht ist, greift das wackere Dienstmädchen Toinette ein, entlarvt ken des Vaters im Zimmer Angeliques vor sich gegangen ist. -a

Gedankensplitter

Vom Speisen und Bechern

Der Eine hält den Becher hoch
Ganz voll des edlen Weines,
Ein Andrer liebt den Schinken mehr
Vom Hinterlauf des Schweines.

So beide dies mit Maßen tun,
Grüß ich sie als Genießer,
Und wer daran gern Anstoß nimmt,
Der ist und bleibt ein Spießer.

Andreas J. Rottendorf

800 000 DM für 22 Jahre

Liesborn. Für den Bau der Hauptschule hat der Liesborner Gemeinderat ein Darlehen aufnehmen müssen, das ihr von der Spar- und Darlehnskasse vermittelt wurde. Es beläuft sich auf den Betrag von 800 000 DM. Folgende Konditionen wurden vereinbart: 7 Prozent Zinsen, zwei Prozent Tilgung, Auszahlungskurs 98,5 Prozent und Laufzeit 22 Jahre.

Einmal den Start verschoben

Zweiter Jungtaubenflug der Reisevereinigung Ahlen und Umgebung

VORHELM. Nachdem die jungen Tauben vom Jahrgang 67 am vorletzten Sonntag einen selten guten und auch leichten Start zu ihrer ersten Preisflug-Saison hatten, mußten sie bei ihrem zweiten Preisflug am vergangenen Sonntag aber schon ihre erste Bewährungsprobe ablegen. Auflaßort war das Städtchen Hahn in Oberhessen, und wegen Nebel und einer tiefhängenden Wolkendecke konnte der Start in den frühen Morgenstunden nicht erfolgen.

5 506 Tauben waren von den Mitgliedern der Reisevereinigung Ahlen und Umgebung eingesetzt worden. Für die 136 Kilometer Flugstrecke benötigte die schnellste Taube 104 Minuten. Nach einer durchschnittlichen Flugleistung von 1262 Metern in der Minute (75,7 km/h) flog sie um 11.34 Uhr auf dem Schlag des Züchters Schmutzler vom Verein „Sturmvogel" ein. Auch die zweite Preistaube konnte dieser Züchter stellen.

Weitere Preisträger der Spitzengruppe sind: Hüser (Ohne Furcht), Meyer (Ohne Furcht), Heimann (Kehre heim), Rieke (Reiselust), Köster (Westfalen), Prinz (Kurier), Nowicki (Kehre heim), Frenz (Gute Hoffnung), Drepper (Flugstaffel Nord) mit zwei Tauben, Stücke (Weiße Taube), Raabe (Matador), Brosius (Südbote), Ewers (Radio), H. Stewing (Eilbote) mit zwei Tauben, G. Jüttemeier (Flugstaffel Nord), Matysiak (Reisebrüder), Bonenkamp (Kurier), Linnemann (Kurier), Adolf Schulz (Radio), Kleinloh (Flugstaffel Nord), Budde (Gute Hoffnung), Faust (Blitz), de Graf (Ueber Berg und Tal) mit zwei Tauben, P. Queder (Sturmvogel), Hölscher (Blitz), Bücker (Weiße Taube), Kuhn (Gute Hoffnung), Schmalz (Radio).

Die Doppel-Poulpreise waren 11.48 Uhr, die Poulpreise 11.52 Uhr eingeflogen. Die letzte Preistaube traf in Ahlen 12.20 Uhr und in Vorhelm um 12.24 Uhr ein. Der nächste Preisflug wird am kommenden Sonntag sein. Auflaßort ist Elz bei Limburg an der Lahn (153 Kilometer). -ru

NOCH BIS ZUM JUBILÄUM des Kollegiatsstiftes St. Stephanus werden die Bauarbeiten an der Clemens-August-Straße in Beckum beendet sein. Nachdem die südliche Baumreihe den Baumaßnahmen bereits zum Opfer gefallen ist, kann die Straße ausgebaut und verbreitert werden. Die Clemens-August-Straße wird eine [illegible] Meter breite Fahrbahn und jeweils zwei Meter breite Bürgersteige erhalten. Bei diesen Bauarbeiten wird gleichzeitig eine gerade Durchfahrt in die Südstraße erzielt, so daß die Kreuzung wesentlich sicherer wird. Auf dem Gelände des ehemaligen Waltropschen Hauses wird ein Parkplatz mit 20 Stellplätzen eingerichtet, während der neue Parkplatz auf dem Grundstück der früheren [illegible] einmal fast fünfzig Fahrzeugen Platz bieten soll.

Rottendorf war jahrelang in Ausgaben der Tagespresse mit Beiträgen vertreten

Augustin Wibbelt

Fragt man nach Rottendorfs literarischer Inspiration, muss der Name des in Vorhelm lebenden niederdeutschen Priesterdichters Augustin Wibbelt fallen. Mit ihm pflegte Rottendorf ein gutnachbarschaftliches Verhältnis, unter anderem bezeugt durch eine Widmung Wibbelts in einem Exemplar seiner *Hilligenbeller*, das er Rottendorf im April 1943 zueignete: »Andreas J. Rottendorf freundschaftlich gewidmet vom Verfasser Dr. Augustin Wibbelt«. Auf Wibbelts Tod verfasste Rottendorf einen mit Dankesworten versehenen Nachruf.
Eine weitere Verbindungslinie zwischen Rottendorf und Wibbelt verläuft über den Pater Gregor Schwake. Wibbelt war ein Großonkel des Gerlever Benediktinermönchs. Schwake vertonte zahlreiche Gedichte des westfälischen Heimatdichters und brachte diese auf ›Singeabenden‹ zu Gehör. Auch für diese ›literarische Brauchtumspflege‹ wurde Schwake 1965 mit dem (damals noch von Andreas Rottendorf selbst verliehenen) Rottendorf-Preis für Verdienste um die niederdeutsche Sprache ausgezeichnet. Rottendorf erwähnt seinen »Freund« Augustin Wibbelt in mehreren literarischen Texten.

Augustin Wibbelt (1862-1947). Foto Westfälischer Heimatbund

Nachlass im Kreisarchiv Warendorf

Andreas Rottendorfs umfangreicher literarischer und persönlicher Nachlass befindet sich im Kreisarchiv Warendorf. Er beinhaltet – ohne die gedruckten Texte – 2678 Gedichte Rottendorfs in niederdeutscher und hochdeutscher Sprache aus der Zeit nach 1950 – ein Umfang, der weit über bloße Hobby-Schreiberei hinausweist.

Der Bestand spiegelt nicht zuletzt die Persönlichkeit des Autors wider. Rottendorf war ein sorgfältiger ›Archivar‹ seiner Texte. Er ging sparsam mit Papier um und ließ ›nichts verkommen‹. Für die Niederschrift benutzte er bevorzugt Ringbuchblätter und Stenoblöcke. Der Nachlass umfasst weiterhin persönliche Dokumente und Fotos. Ein Großteil des Materials, vor allem im Bereich der Prosa, ist noch nicht ausgewertet.

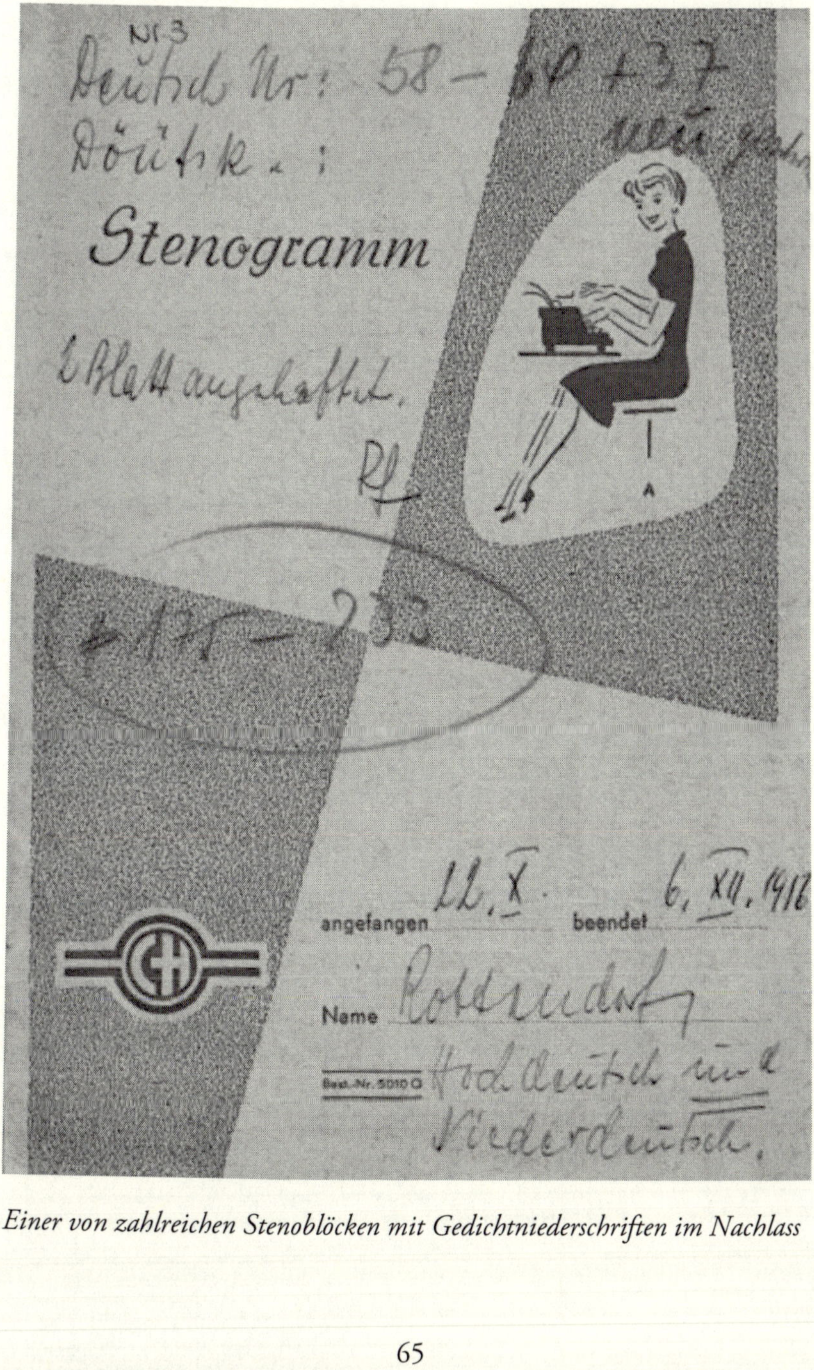

Einer von zahlreichen Stenoblöcken mit Gedichtniederschriften im Nachlass

Literarische Arbeitsweise

Rottendorf formulierte seine Texte weitgehend im Kopf vor, bevor er sie zu Papier brachte. Seine Gedichte entstanden zunächst durchgängig handschriftlich – notiert mit Bleistift, Filzstift oder Kugelschreiber. Die ersten Entwürfe entsprechen weitgehend den späteren Endfassungen.
Rottendorfs Handschrift war klar und in der Regel so gut leserlich, dass seine Sekretärin die Manuskripte abtippen konnte. Andere Texte diktierte er ihr in die Schreibmaschine.
Nur ein Bruchteil von Rottendorfs Texten fand Eingang in seine Bücher. Heinrich Schürmann stellte 2006 ein *Andreas-Rottendorf-Lesebuch* fast ausschließlich aus Nachlasstexten zusammen. Begleitend schreibt er:

> [Rottendorfs] plattdeutsche Texte haben ihre besondere Qualität darin, dass sie authentisch sind. Wenn Rottendorf konkrete Anlässe, Begebenheiten, Beobachtungen reflektiert, wenn er wirkliche Orte, Personen, Typen beschreibt und sich im ungekünstelten Niederdeutsch bewegt, zeigt er seine besonderen Originalitäten. Verblüffend ist einerseits die klare Analyse der Realität, der Umwelt, des Gebarens seiner Mitmenschen – andererseits aber die Nähe zum Gefühlsbetonten, zum Heimat-Idyll, zur Schollen-Romantik; allerdings – wenn es allzu gefühlig wird, kontert er mit seiner lapidaren, lakonischen Art und versteckter Ironie.

4.

De rottrüpske Raot.

Spielt mi kinn Theater!
Makt mich sovül Wind,
Jeder wäit jä lange,
Wat Ji wärklick sind.

#

Nihmt Jü mich so wichtig!
Nährt mich faots verkatt,
Dann läwt Ji von't Liäwen
Un Jü säwst wat hat.

#

Dä!

4. 11. 9. 61/12

Afrt

Autorenlesung zum 65. Geburtstag

Dass Rottendorf den Weg in die Öffentlichkeit nicht scheute, sondern im Gegenteil suchte, zeigt eine Autorenlesung anlässlich seines 65. Geburtstags in Ennigerloh. Der Saal war bis zum letzten Platz gefüllt. In einem Beitrag über den Abend heißt es:

> Die unvergängliche Heimatsprache, von jedem der Anwesenden verstanden und sicherlich von den meisten noch im täglichen Umgang gesprochen, war geeignet wie immer, Kontakte von Mensch zu Mensch zu finden und zu Herzen zu sprechen … Persönliche Erlebnisse und Begegnungen aus der Kindheit und Jugendzeit auf dem elterlichen Schulzenhof in Ennigerloh, aus den Schul- und Lehrjahren, teilte Andreas J. Rottendorf ohne Scheu und mit innerer Freude mit, und für jeden waren die Gestalten, die er wieder ins Leben zurückrief, vertraut. So wurde das Gemeinsame deutlich, das im Begriff der Heimat ohne Unterschied von Stand und Rang zu erfassen ist. Daß auch der Humor nicht zu kurz kam, versteht sich von selbst, und der leise Anklang von Ironie war das Quentchen schmackhafter Würze, die eine solche Speise erst recht genußreich macht. Die Zuhörer lauschten mit Andacht und zutiefst beglückt. Sie sparten nicht mit aufrichtigem Beifall und hätten noch stundenlang Gedichte und Erzählungen aufnehmen mögen … Man sollte häufig und überall im Münsterlande solche plattdeutschen Abende durchführen. Leider ist die Zahl der Männer, die wie Andreas J. Rottendorf so meisterhaft die Muttersprache beherrschen und den Geist und die Wahrheit dem Wort zugrunde legen, sehr klein geworden, aber das sollte uns nicht entmutigen. Dr. A.

Den Schalk im Nacken. Foto Kreisarchiv Warendorf

Aufs Allgemeinwohl bedacht

Das von Rottendorf eingeforderte gesellschaftliche Engagement kam beispielsweise darin zum Ausdruck, dass er das sog. Kleine Drubbelhaus aus dem 18. Jahrhundert im Ortskern von Ennigerloh vor dem Abriss durch die Gemeinde bewahrte. Es dient heute als Treffpunkt und Versammlungsort des Ennigerloher Heimatvereins. Im Gebäude befindet sich eine kleine Sammlung mit Gegenständen, die einen Bezug zu Rottendorf aufweisen.

Auch Haus Neuengraben in Enniger versuchte Rottendorf zu retten. Er konnte es zwar nicht kaufen, aber durch Anpachtung den Abriss hinauszögern.

Das Kleine Drubbelhaus, historischer Zustand. Foto aus dem Archiv des Heimatvereins Ennigerloh

Telegramm an die Stadt Oelde

Auf seine eigene, verschmitzte Art wandte sich Rottendorf per Telegramm an den Bürgermeister und den Rat der Stadt Oelde. Er war dort offensichtlich bestens bekannt, wie sein Stegreif-Gedicht vermuten lässt:

Was einst in Eurer Stadt geschah
Vor nunmehr fünfzig Jahren,
Hat allerseits von fern und nah
Dort hohe Gunst erfahren.
Wo man das Schmunzeln nicht vergißt
Und Mensch und Dinge richtig mißt.
Daß Oelde sich entfalte
und der Humor sich halte,
wünscht Rottendorf, der Alte.

H.

Vont Flouskn.

Stacht fast binäin
Un haolt to Haup,
Män nihmt
Von Teid to Tiid
Auk Riängenwiër in Kaup!

Packt därwe an!
Dann resst ju män,
De Albait de mott flouskn;
Weck vull dag. Hänne von Ehrilen hätt,
Deut met kinn Frülwann bouskn.

4.1.61/12 Ut.

LX 7 - Telegramm

An Bürgermeister und Rat
des Wiegboldes Oelde

Was einst in Eurer Stadt geschah
Vor nunmehr fünfzig Jahren,
Hat allerseits von fern und nah
Dort hohe Gunst erfahren,
Wo man das Schmunzeln nicht vergißt
Und Mensch und Dinge richtig mißt.
Daß Oelde sich entfalte
und der Humor sich halte,
wünscht Rottendorf, der Alte.

Ennigerloh, den 31.3.1958
3/11
aufgegeben 14 Uhr

Wider die Verschwendung

Eine weitere exemplarische Aktion wirft ein Schlaglicht auf Rottendorfs Naturell. Er regte die Belegschaft seiner Firma dazu an, kein Obst verkommen zu lassen. Sein entsprechender Umlauf in Versform ging über mehrere Schreibtische (siehe die gegenüberliegende Seite).
In ähnlichem Tenor heißt es in dem Gedicht *Herbst 1966* aus der Sammlung *Wegemarken*:

Die Sonne
Ließ die Äpfel reifen
In goldner Pracht.
Der Mensch,
Zu dumm,
Die Gunst der Stunde zu begreifen
Und viel zu träge,
Sich zu bücken,
Geht stumm vorbei
Mit steifem Rücken
Und läßt am Wegesrain
Und anderwärts
Die Köstlichkeiten
Ungenützt
Verkommen
Und verderben.

Anschlag
von Anschlag 2.

Fallobst

Niemand hebt den Apfel auf,
der reif zur Erde fällt.
Uns scheint, als ob der Überfluß
uns hier zum Narren hält.

(Andreas J. Rottendorf)

Bei uns soll das Obst nicht verkommen.

Wer Fallobst gebrauchen kann, möge sich im Betriebsbüro melden, das die Interessenten listenmäßig erfaßt und an das Sekretariat weiterleitet.

Umlauf V.

Gedenkstein am Firmengelände

> »Am Ausgang des Ortes [Ennigerloh] passierten wir die Fabrik, die noch heute die Glasiermasse für Tabletten herstellt. Andreas J. Rottendorf, der Erfinder, Fabrikant, der Schriftsteller, Dichter und Stifter. Ein grader Kerl, konservativ bis in die Knochen: ›Wat Du nich häss, kanns Du nich gihwen.‹ So steht es auf dem Andreaskreuz, das Rottendorf unmittelbar neben der Firma an der Ostenfelderstraße / Ecke Andreasstraße errichten ließ.« (Ulrich Straeter)

Der vollständige Text der Rottendorf'schen Lebensmaxime lautet:

Sünte Dräis! Bliëiw us gewuogen
Wiär us aww de Naut un Suogen
Help us ahl up Dëine Straot
Dat wi daouhet alls met Maot
Fast äs Dou tot Kröüss auck staoht
Wat Du nich häss, kanns Du nich gihwen
Out Water wohr bloss ämmaol Wëin
Wätt lässe Spraok un Rächt verdrihwen
Drägg't Volk allëin de Last un Pëin
Un Laighait wäss up falsken Schëin

Heiliger Andreas! Bleib uns gewogen
Wehre ab von uns Not und Sorgen
Hilf uns allen auf deinen Wegen
damit wir alles mit Maß tun
fest wie du zum Kreuz auch stehen
Was Du nicht hast, kannst Du nicht geben
Aus Wasser wurde nur einmal Wein
Werden Sitte, Sprache und Recht vertrieben
Trägt das Volk allein die Last und Pein
Und Bosheit wächst auf falschem Schein

Gedenkstein an der Andreasstraße in Ennigerloh in unmittelbarer Nähe des Firmengeländes. Foto Walter Gödden

Kunstsammlung in der Abtei Liesborn

Andreas Rottendorf und seine Frau Rose stifteten dem heutigen Museum Abtei Liesborn kostbare Kunstgegenstände als Dauerleihgaben. Sie ergänzen bis heute die Dauerausstellung des Hauses. Das Ehepaar sammelte volkskundliche Gegenstände, aber auch Gemälde. Der Kulturjournalist Ulrich Gehre spricht mit Bezug auf Andreas Rottendorf von Leihgaben aus dem Besitz einer »welterfahrenen, weitgereisten Persönlichkeit, der humanistische Bildung und der Umgang mit Wissenschaft und Kunst die innere Prägung gaben«. Konstitutiv für die Sammlung ist eine Beziehung zum westfälischen Kulturkreis. Im Falle des Gemäldes »Hof Rottendorf« ist der persönliche Bezug besonders evident. Es wurde 1915 von Julius Müller-Maßdorf gemalt und hing früher in der Rottendorf'schen Firmenvilla.

Julius Müller-Maßdorf: Hof Rottendorf, 1915 (Museum Abtei Liesborn)

Späte Lyrik

Andreas Rottendorfs letzte Texte sind von tiefer Melancholie geprägt. Die Rückschau ist illusionslos:

Gaistige Plaite

De Pättkes wäht viël wenniger,
De Autos feuhet hänniger,
De Mensk föllt sick elenniger.

De Büske so kahl,
De Ahntwai so schmahl
De Hihgen so dünn:
Dat brenkt kinn Gewinn.

Alls gait nao'n Böül,
Nao Schema Äff
Äs wenn't nicks Höchteret mähr gäff.

Ick gonk bi Sëit.
Ick socht Gemeut,
Et kwamm mi nich entihgen.

Waig un Graff

Waig un Graff,
Kaon un Kaff.
Alls wohr saiet,
Wat verblaihet,
Ähr äs't met de Tëid
Verwaihet.
Kaon un Kaff,
Waig un Graff.

Weisst du es noch?
Kennst du die Pfade noch,
Die wir gemeinsam gingen,
Als zart die Blätter grünten
Und aller Orten
Blumen standen,
Die wir zu Kränzen wanden.
Weisst du es noch?
Die Kränze sind verdorrt,
Die Blumen
Längst gestorben,
Und doch war jede einst
Von Sehnsucht
Heiss umworben.
Wisst ihr es noch?
Ich weiss es noch.
Drum gönn' ich jedem
Stillvergnügt
Das rechte Maß der Freuden,
Die selber ich genossen,
Bevor des Gartens Wächter mir
Das Paradies verschlossen.

Äin Gebiät

Blëiw bi mi, Här,
Wenn't köller wätt
Un ick fank an to fraisen.
Blëiw bi mi, Här,
Wenn'k öller währ
Un in de Kindheit kwämm.
Blëiw bi mi, Här,
Wenn't döüster is
Un ahl häwt mi velaoten.
Blëiw bi mi, Här,
Wenn'k daut gaohn mott
Un lett mi sacht nao Hous.
Amen! Dat hett up Döütsk:
So sall dat sëin,
Un jüsso wull'k 't wull häbben.

4.

Äin Gebiät.

Bläiw bi mi, Här,
wenn't Köller wäll
Un ick fank an to fraisen.

\#

Bläiw bi mi, Här,
Wenn'k öller währ
Un in de Kindheit kwämm.

\#

Bläiw bi mi, Här,
Wenn't döüster is
Un ahl häwt mi verlaoten.

\#

Bläiw bi mi, Här,
Wenn'k daut gahn mott
Un leit mi sacht nao Hous.

\#

Amen! dat heit up döütsk:
So sall dat säin
Un jüsso wull'k't wull häbben. HK

30.11.68/HK

Lebensbilanz

Liäwensbilanz

Äin Jaohr löst dat ann're aff,
De Tëid verflügg äs Stoff un Kaff,
De Här alläin is iäwig.
De Jungen wätt de Tëid wat lank,
Drüm schlaoht se manksen üöwern Strank,
Un glaiwt, alls där so blëiwen.
De Mann de stait int Liäwen,
He suogt fö sëine Iäwen,
De Tëid vergait ämm rask.
Un ähr äs Di versöüs,
Is kahl Dëin Kopp oww grëis,
Wi makt us nicks fö wëis:
Nou möht wi baol dran glaiwen.
Äin Jaohr löst dat ann're aff,
De Tëid verflaug äs Stoff un Kaff,
De Här alläin is iäwig,
De Siäl, o Här, mak siälig.

Altersbild. Foto Kreisarchiv Warendorf

Letzte Bekenntnisse und Tod

In seinen letzten Texten hat Andreas Rottendorf seinen Lebensgang noch einmal zusammengefasst. Erneut bekennt er sich zu seiner plattdeutschen »Muttersprache«

Inne Maoudersprаok

Ick biär to Dëi, Du laiwe Här,
Aes't mi de Maouder lähren där
Un feul, dat Du mi gutt verstaihs
Un mi bi Naut tor Sëite gaihs.
Dütt, wat ick glaoww un daohn,
Dat laot doch, Här, bestaohn.

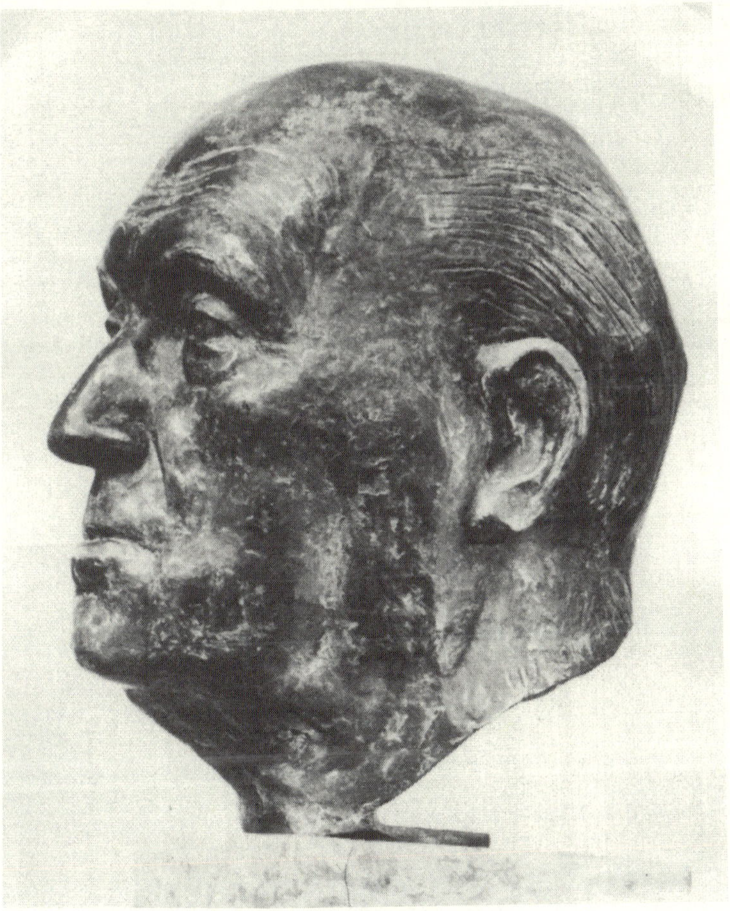

Rottendorf-Büste, Firmenvilla Ennigerloh

Eines seiner letzten Gedichte Rottendorfs lautet:

Die Kunst

Wir schätzen sie,
Sie kam uns sehr gelegen
Und ward uns zur Begleiterin
Auf vielen stillen Wegen
Als Segen
Und ein Plus,
Das zutiefst verpflichten muss
Dem Urgrund
Alles Schönen

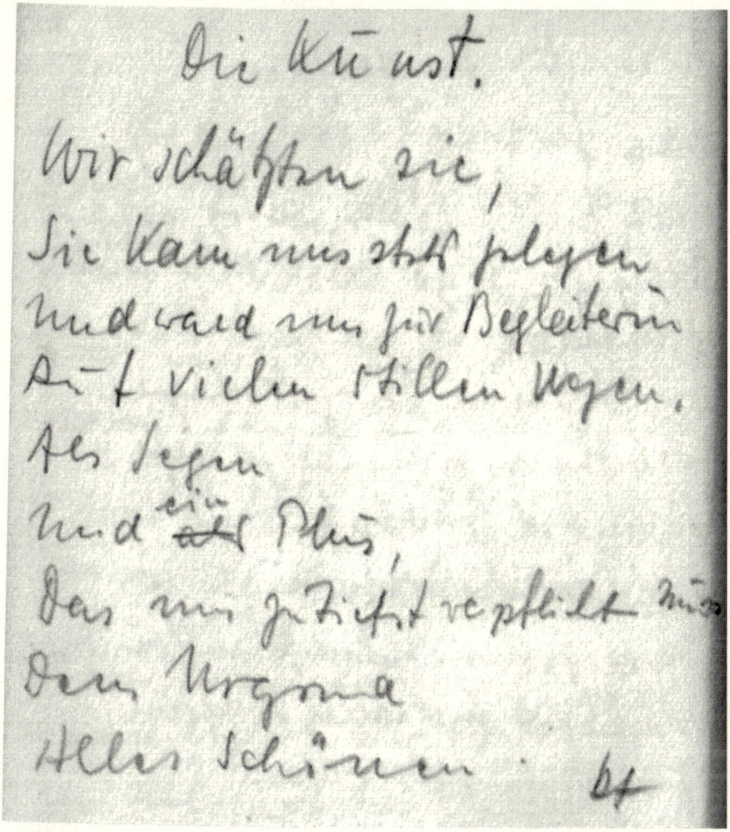

Die Kunst.

Wir schätzten sie,
Sie kam uns stets gelegen
Und ward uns zur Begleiterin
Auf vielen stillen Wegen.
Als Segen
Und ein ~~als~~ Plus,
Das uns zutiefst verpflichtet muss
Dem Urgrund
Alles Schönen. bf

Andreas Rottendorf starb am 20. November 1971 im Alter von 74 Jahren in der Universitätsklinik in Münster. Bestattet wurde er in Ennigerloh, wo auch die Eltern begraben sind, in einem Sarg, den er aus einer alten Eiche fertigen ließ, die auf dem Familienbesitz gewachsen war. Seine Frau Rose starb zehn Jahre später im Alter von 81 Jahren. Das Grab ist einfach gehalten. Es besteht aus einem unscheinbaren Findling. Es sind nicht einmal die Namen der dort Begrabenen eingraviert.

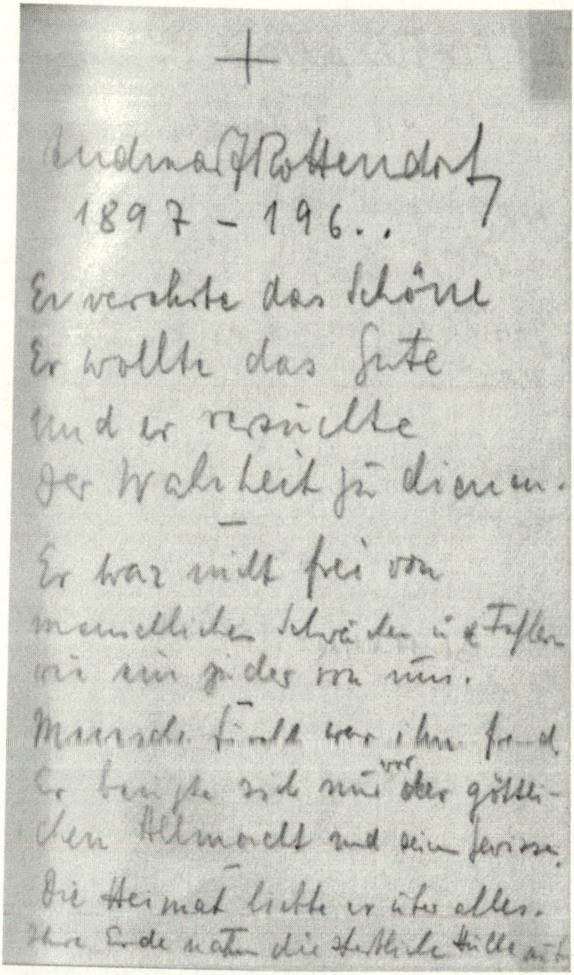
Andreas Rottendorf
1897 – 196..
Er verehrte das Schöne
Er wollte das Gute
Und er versuchte
der Wahrheit zu dienen.
—
Er war nicht frei von
menschlichen Schwächen u. Fehlern
wie ein jedes von uns.
Menschenfurcht war ihm fremd.
Er beugte sich nur vor der göttlichen Allmacht und seinem Gewissen.
Die Heimat liebte er über alles.
Ihre Erde nahm die sterbliche Hülle auf.

Spätes Notizblatt in der Art eines Totenzettels

Das Vermächtnis: Rottendorf-Preis und Rottendorf-Stiftung

Noch zu Lebzeiten rief Andreas Rottendorf, wie gehört, einen Rottendorf-Preis für die Förderung der niederdeutschen Literatur ins Leben. Er wird seit 1963 bis heute in zweijährigem Wechsel mit einem Forschungspreis auf dem Gebiet der Pharmazie vergeben. Die ersten drei Preisträger im Bereich der niederdeutschen Literatur bestimmte Rottendorf noch selbst. Der Rottendorf-Preis ist der wichtigste westfälischen Preis für Mundartliteratur. Er zeichnet sowohl Autorinnen und Autoren als auch Sprachwissenschaftlerinnen und Sprachwissenschaftler aus. Dabei öffnete er sich zunehmend der literarischen Moderne.
Der Preis war anfangs mit 3000 Mark dotiert, heute beträgt die Preissumme 10.000 Euro, aufgeteilt in einen Haupt- und einen Sonderpreis. Das Vorschlagsrecht obliegt dem Rottendorf-Ausschuss des Westfälischen Heimatbundes.

Ein langgehegter Wunsch blieb Andreas Rottendorf versagt: Sein Lebenswerk in eine gemeinnützige Rottendorf-Stiftung umzuwandeln. Es blieb seiner Ehefrau Rose vorbehalten, diese Idee zu verwirklichen. Die 1974 gegründete Stiftung untersteht dem Jesuitenorden. Sie fördert bis heute kirchliche und mildtätige Zwecke, Forschungen im Bereich der Pharmakologie und Pharmazie und kümmert sich um die Pflege und Erforschung der niederdeutschen Sprache. Die Vergabe des Rottendorf-Preises beschließen Kuratorium und Vorstand der Stiftung.

Anhang

Unterwegs im ›Rottendorfland‹ – eine Exkursion auf den Spuren eines Nonkonformisten aus Passion

Am 2. Juli 2024 haben wir uns auf den Weg gemacht. Wir heißt: der Gestalter der Nottbecker Rottendorf-Ausstellung, Jeremias Vondrlik, der Ennigerloher Heimatforscher Walter Witte und ich. Wir sind mit dem Fahrrad die frühen Lebensstationen Andreas Rottendorfs abgefahren und haben diese Tour fotografisch festgehalten. Das Fahrrad haben wir ausgewählt, weil es auch für Andreas Rottendorf ein bevorzugtes Verkehrsmittel war. Und das, obwohl der reiche Fabrikant über einen eigenen Chauffeur verfügte, der seinen dicken Benz steuerte.

Ausgerechnet an dem Tag, als wir unsere Drahtesel besteigen und zu unserer kleinen Exkursion aufbrechen, zieht sich der Himmel zu. Nieselregen schlägt uns entgegen. Nach einer ersten intensiven sommerlichen Hitzeperiode haben sich die Temperaturen empfindlich abgekühlt. Was uns aber nicht abschreckt. Jetzt erst recht, lautet die Devise. Und während wir – und unsere Fahrräder – so langsam warmlaufen, entwickeln sich die ersten Gespräche. Walter Witte erweist sich dabei als unser, nein, nicht wandelndes, sondern radelndes Lexikon.

Er ist ein Mann der tausend Geschichten. Es scheint fast, als könne er zu jedem Strauch, zu jedem Baum eine eigene Erinnerung beisteuern. Unser erstes Ziel ist die Ennigerloher Bergstraße (die ehemalige Römerroute), die an einer Steinkuhle entlangführt, in der noch heute Zement abgebaut wird. Walter Witte zeigt uns den Weg, den Andreas Rottendorf in jungen Jahren nutzte, um vom elterlichen Hof zu Fuß nach Ennigerloh zu gelangen. Er existiert heute nicht mehr, aber die erwähnte Bergstraße verläuft fast parallel und nur unweit davon entfernt.

Rottendorf sei ein eigenwilliger Patron gewesen, berichtet Witte. Ein stadtbekanntes Original, mit dem nicht immer gut Kirschen essen war. Ein Sturkopf, wenn es nicht nach seinem Willen ging. Aber insgesamt doch ein gutmütiger, aufs Allgemeinwohl bedachter Mensch. Der sich als »steinreicher Fabrikant« gern unters einfache Volk mischte, bevorzugt unter ähnlich heimattreu gesinnte Menschen, mit denen er »Platt küren« konnte, seine »Muttersprache«, für die er sich leidenschaftlich einsetzte. Ein Mensch halt, den man zu nehmen wissen musste.

Witte hat Rottendorf als kleiner Knirps noch persönlich kennengelernt. Der Fabrikant habe die Taschen immer voller Süßigkeiten und Kleingeld gehabt, berichtet er. Wenn Kinder Rottendorf auf Plattdeutsch begrüßten, hätte er sich immer von seiner spendablen Seite gezeigt. Witte brachte die so erworbenen Münzen gleich in die nächste Eisdiele, wo eine Eiskugel damals einen Groschen kostete. Rottendorfs Großzügigkeit war auch den Anwohnern bekannt. Wenn Rottendorf »seine Runde« drehte, hätten die Väter ihre Kinder losgeschickt, um dem ›hohen Herren‹ am Straßenrand zu salutierten. Das in Empfang genommene Geld hätten die Männer dann gleich in Spirituosen bei den ortsansässigen Brennereien umgesetzt.

Rottendorf war ein Original im besten Sinne. Eine seiner besonderen Marotten bestand darin, auch in hochtechnisierter Zeit mit dem Pferd oder einer Kutsche durch Ennigerloh und Umgebung zu reiten. Sein Pferd hatte er bei einem Bauern in der Nachbarschaft untergestellt. Rottendorf habe es, so Walter Witte weiter, geliebt, den Anwohnern in die Kochtöpfe zu schauen. Wenn bei einem Bauern Pfannekuchen auf dem Tisch stand, habe er sich ungefragt dazugesetzt, um ein Schwätzchen zu halten. Niemand habe ihm das verübelt. Solche Einzelheiten, die gern das Anekdotische streifen, sind fest im Enniger-loher Gedächtnis verankert und werden gern auch weiter ausgeschmückt.

Rottendorf bekannte sich geradezu programmatisch zu seiner bäuerlichen Herkunft. Er nannte sich bevorzugt »Schulze Rottrup«, um an diese Traditionslinie anzuknüpfen. Der elterliche Hof war ein stattliches, fünfhundert Morgen umfassendes Anwesen. Walter Witte zeigt uns aus der Ferne die frühere Hofstelle. Sie lässt sich nur noch erahnen, zu besichtigen ist sie nicht mehr. Die Zementindustrie und eine Abfalldeponie beanspruchen das Gelände für sich.

Als Andreas Rottendorfs Mutter den Hof 1910 an die damals boomende Zementindustrie verkaufte, war das für ihren damals dreizehnjährigen Sohn ein Schicksalsschlag. Er hat diesen Verlust nie verschmerzt und – noch Jahrzehnte später – in zahlreichen Gedichten thematisiert. Die kleine Familie – Rottendorfs Vater war früh verstorben, er hatte nur noch eine Schwester – zog seinerzeit nach Münster, wo der junge Andreas seine Schullaufbahn fortsetzte, bevor er 1916 zum Kriegsdienst im Ersten Weltkrieg eingezogen wurde. Die Hofstelle in Ennigerloh blieb zunächst erhalten, später ging sie an einen anderen Besitzer über. Wenn Rottendorf später seine Heimatstadt besuchte, kam er bei Bauern in der Nachbarschaft unter.

Den Weg von Münster nach Ennigerloh legte er mit der Westfälischen Landeseisenbahn zurück, die in Enniger und Neubeckum Haltestellen besaß. Um den Fußweg nach Ennigerloh abzukürzen, sei der Junge, so Walter Witte, immer an einer Stelle, an der der Zug seine Geschwindigkeit drosseln musste, aus dem Zug gesprungen, um die letzte Wegstrecke über Wiesen und Äcker zu Fuß zurückzulegen. Zuzutrauen wäre es ihm durchaus, eine gehörige Portion Eigensinn war ihm offensichtlich schon in jungen Jahren zu eigen. Wie groß Rottendorfs Liebe zu seinem Elternhaus war, zeigt sich unter anderem darin, dass er sich seinen Sarg aus einer alten Eiche zimmern ließ, die zum ehemaligen Hof gehörte.

Nach gut einer Stunde endet unser kleiner Ausflug. Er führte uns durch eben jene typisch münsterländische Landschaft, die Rottendorf so schätzte. Von hier aus unternahm er viele Stippvisiten in benachbarte Orte und besuchte Freunde und Bekannte, unter anderem den Mundartdichter Augustin Wibbelt in Vorhelm. Die nächste Heimat bot dem naturverbundenen erfolgreichen Fabrikanten Andreas Rottendorf bis ins hohe Alter den Gegenpol zu einer Welt, die er immer kritischer sah. Der elterliche Hof war und blieb ihm sein ein und alles.

Walter Gödden

Textnachweise

Die zitierten Texte stammen aus Publikationen Rottendorfs sowie seinem Nachlass im Kreisarchiv Warendorf.

Dank

Die Ausstellung über Andreas und Rose Rottendorf wäre ohne die Unterstützung mehrerer Institutionen nicht möglich gewesen. Ein besonderer Dank gilt der Rottendorf-Stiftung für ihre ideelle und finanzielle Unterstützung des Gesamtprojekts, das weiterhin einen Film und ein Audio-Feature über das Unternehmerehepaar sowie eine neue Webseite über Andreas Rottendorf einschloss, die umfangreiches Material aus seinen Büchern und zur niederdeutschen Literatur zur Verfügung stellt. Der Heimatverein Ennigerloh, besonders Walter Witte und Heinz Winkelmann, beteiligten sich intensiv an den Recherchen. Georg Bühren übernahm die hochdeutsche Übertragung der niederdeutschen Texte Andreas Rottendorfs und stand als kompetenter Gesprächspartner zur Verfügung. Lisa Kerkhoff und Hanns-Martin Rüter halfen beim Korrekturlesen und gaben ebenfalls wichtige Hinweise. Jeremias Vondrlik (Gestalter der Ausstellung) und Dirk Bogdanski (Kulturmanagement Kulturgut Nottbeck) stellten unter anderem das Fotomaterial im Anhang zur Verfügung. Dem Kreisarchiv Warendorf, namentlich Dr. Knut Langewand, sei für die stets entgegenkommende Betreuung während mehrerer Archivbesuche sowie die Überlassung von Ausstellungsmaterial gedankt. Das Museum Abtei Liesborn unterstützte das Projekt durch hauseigene Recherchen und Informationen über Ausstellungsexponate aus der Kunstsammlung Rottendorf. Der gute Spirit aller Beteiligten machte die hier dokumentierte Ausstellung zu einem Gemeinschaftsprojekt in bestem Sinn des Wortes.

Ausstellungsimpressionen

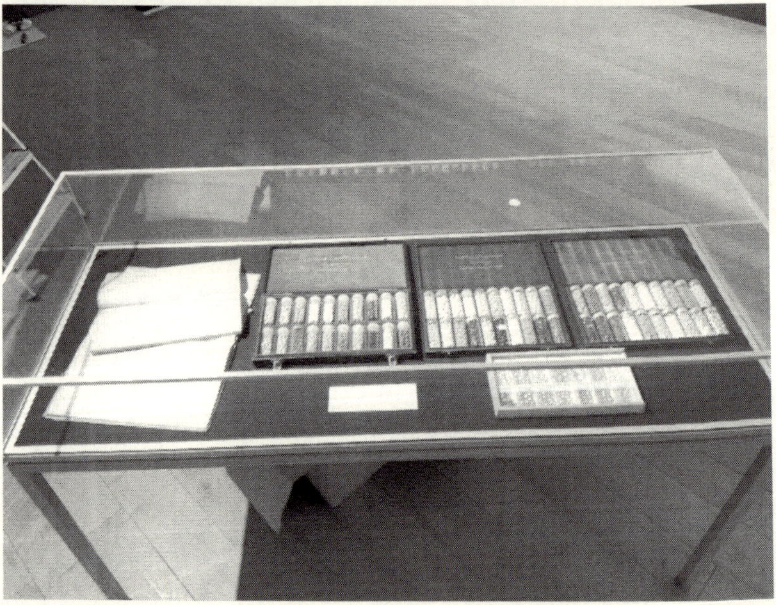

Im Gartenhaus-Atelier war eine rund 30-minütige Filmdokumentation über Andreas und Rose Rottendorf zu sehen.

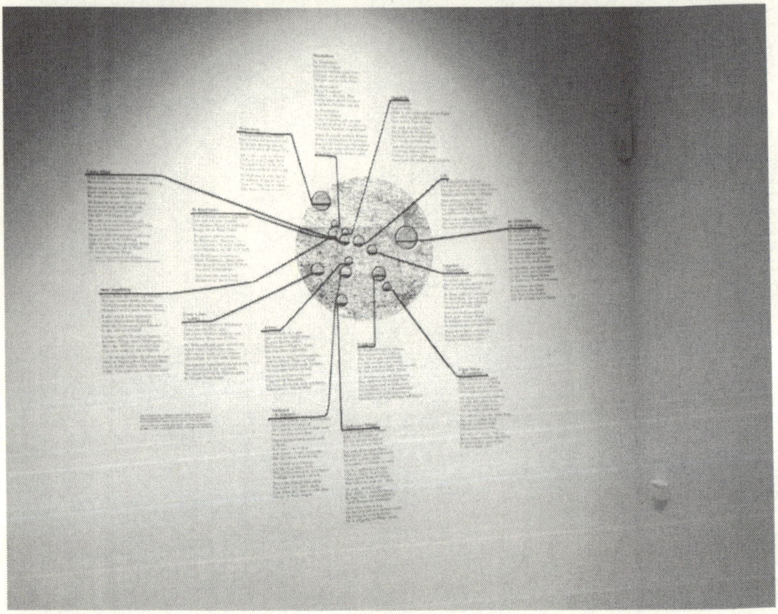

Schaugrafik mit Hinweisen auf Orte, denen Rottendorf eigene Gedichte gewidmet hat

Im Außenraum des Museums konnten Leben und Werk Rottendorfs anhand von 41 Schautafeln erwandert werden